Johann D. Hess

Gründtliche und Aussfürliche Erweisung, auss den Uhreltisten H. Vättern und Lehrn

Johann D. Hess

Gründtliche und Aussfürliche Erweisung, auss den Uhreltisten H. Vättern und Lehrn

ISBN/EAN: 9783743647893

Hergestellt in Europa, USA, Kanada, Australien, Japan

Cover: Foto ©ninafisch / pixelio.de

Weitere Bücher finden Sie auf **www.hansebooks.com**

Gründtliche vnd Außfürliche Erweisung / auß den Vhraeltisten H. Vättern vnd Lehrern / daß

diese allein die rechte Allgemaine vnd Heilig Seligmachende Kirche Gottes sey / bey vnd in welcher die vnuerruckte / vnzertrennte / alzeit wehrende Nachfolg oder SVCCESSION, zufinden / inn Druck verfertigt

Durch

F. JOAN. DOMINICVM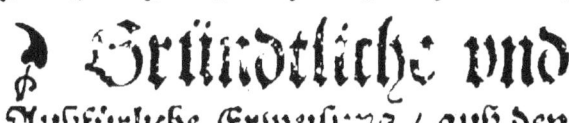
HESS, Barfüsser Ordens der Obseruantz vber Osterreich vnd Steyrmarck Prouincialn.

Gedruckt zu Grätz in Steyr bey
Georg Widmanstetter.

Cum Licentia Superiorum.

M. D. XCII.

Vorred.

Der Durchleuchtigisten/ Hochgebornen Fürstin vnd Frawen/ Frawen MARIA, Ertzhertzogin zu Österreich/ ꝛc. Gebornen Pfaltzgräffin bey Rhein/ Hertzogin in Obern vnd Nidern Bayrn/ ꝛc. Meiner Gnedigisten Frawen.

Gottes Gnad vnd Miltreichen Segen/ sambt zeitlicher vnd ewiger Wolfart durch den Newgebornen König vnd Fürsten Himmels vnd der Erden.

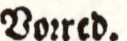VRCHleuchtigiste/ Hochgeborne Fürstin/ Gnedigiste/ Fraw/ Vnder andern hochwichtigen vnd erhöblichen vrsachen/ welche einen jeden Christen bey der Alten Römischen Kirchen billich erhalten sollen/ ist auch disese nit die geringste/ daß wir darinnen ein so herrliches/ vnzertrente vnd stäte wehrend Kirchen Regiment/ in ordenlicher Schlaß vnd nachfolge der obersten Häupter vnd anderer vorsteher/ dermassen sehen/ daß kein ordenlichers Regiment jemals vnder der Sonnen gefunden worden. Dann darinnen ist kain Bischoff/ kain Lehrer/ kain Prediger/ kain Priester/ vnnd auch kain ainiger Christ/ der nit in ordenlicher Lini vnd vnzertrenter nachuolg seines Glauben zu ruck/ biß auff den ersten Römischen Babst

A ij vnd

Vorred.

vnd von jme biß auff Christum/zaigen vnd darthun könne. Dann so ain Christ von ainem Catholischen Priester das Sacrament des H. Tauffs empfangt/ so kan derselbige Priester seinen ordenlichen Bischoff ernennen/ von welchem Er zu der Priesterlichen Würdigkeit erhöbt. Sein Bischoff/ gleichßfals kan in vnzertrenter Stamlinien vnnd rechtmessiger nachfolg sein ankunfft vnnd herkommen/ biß zu dem ersten Bischoff desselbigen Stiffts/ darthun/ nachmals derselbige erste Bischoff kan gleichermassen erzaigen/ von welchem Babst Er zu der Bischofflichen Hochhait sey geordnet worden. Entlich kan auch eben also derselbige Babst sein herkommen/ stetter vnd vnuerruckter nachfolg zu thuck/ biß auff den Haupt Apostel Petrum, erweisen/ vnd probiern. Vnd solche wunderbare Ordnung ist nit in etlichen Ländern allein/ sonder inn allen ortern der ganzen Catholischen Christenheit/ Sossen klar zusehen. In solchem Regiment ist der ware Glaub/ in ganzer Welt/ von ainem Babst zu dem andern/ von ainem Bischoff/ Lehrer vnnd Vorsteher zu dem andern/ in ainerlay Lehr/ in ainerlay vbung Göttlicher dingen/ vngeacht aller Sectischen aintrag souil hundert Jar/ vnuerruckt/ vnuerändert/ vnnd ohn alle verfälschung bestendig blieben/ daß es je ohn hülff vnnd beystandt Göttlicher Gnaden nit hat können geschehen. In diesem Regiment hangt doch je ain oberstes Haupt/ ain Lehrer/ ain Bischoff vnnd ain Vorsteher/ so artlich aneinander/ daß vnser Christentumb nur ain ainiger Leib mag genennet werden. So hat auch zu allen zeiten der Babst den Bischöffen/ die Bischöff den Babsten/ ain Lehrer dem andern inn diesem Regiment die Hand dermassen dargebotten/ dermassen einander hülff bewiesen/ vnd den Glauben fort gepflanzet/ das nit zu verwundern/ warumb ain solche Kirch nicht von Ketzern/ wie auch noch nicht oberwunden worden. Dann lieber Gott/ was solt Ir Regiment gegen dem vnsern sein? Kan es auch mit fug vnnd recht ainem Regiment verglichen werden. Dann was solte das für ain Regiment sein/ darinnen die Blinden Leuth durch souil hundert

Jar

Vorred.

Jar nicht ein ainigen Lehrer/nicht ein ainigen Predicanten/nicht ain Schuler/nicht ain Kind jhrs geliffters können ernennen? Was für ain Regiment/ das erst so kürtzlich angefangen/vnd in so wenig Jaren von den Ketzern selber so erbärmlich zerspalten/zertrent/zerrissen vnd gestümlet worden/ daß schier kein Trum mehr an dem andern hanget? Was für ain Regiment/weil sich jhr falsch genandt Christenthumb/ so zeitlich von dem ersten Vrhaber Luthero, so starck außgefallen/ daß bey jhnen vnder hunderten kaum ainer gefunden/der jme Luthero, in allen Artickeln anhengig wär? Was für ain Regiment/ welches vor jaren zu jaren je vnordenlicher wirdt/je mehr man darinnen zu ordnen sich vndersteht? Wer wolt sich dann nit lieber bey dem Alten/ordenlichen/ainigen/vnzertrenten vnd jmmerwehrenden Kirchen Regiment finden lassen / weder bey diesem ellenden/verwürtten / vnbestendigen/vnainigen Gesündlein? Wer wolt sich nit billicher zu der KirchenGottes bekennen/welche auff ain so schöne Ordnung/auff ain so wol angerichtes Regiment/auff ain so ansehnliche Succession vnnd nachkomenhait gegründet vnd beuestiget ist? Wie hoch die Vhralte Lehrer der Christenhait von der ordenliche Succession der Bischoffen gehalten/vñ wie man dardurch die Kirche Gottes von den Ketzerischen Synagogen discernieren vnd erkönnen mögen/ zaigen gar klar vnnd außfürlich an / diese nachfolgende von mir verteutschte der H. Vätter Sentenz vnd guldine Spruüch/ welche mit was gelegenhait mir Sie vnderhanden komen / vnnd auß was vrsachen Sie von mir inn die Teutsche Sprach gebracht worden/kan Jch nit vnderlassen kürtzlich zu erzelen. Als Jch das nechstuergangne Jar auß tragenden vnnd anbefohlnen Ambt die Klöster vnsers Ordens im löblichen Hertzogtumb Steyr visitiert/hat mich der weg in das ansehnliche Thumbstifft vnnd Gottshauß Seccaw getragen/vnnd hab daselbst erstlich mit sehr grosser verwunderung des Durchleuchtigisten vnnd Hochgebornen Fürsten vnd Herrn/ Herrn Caroli, Hochlöblichister gedächtnuß/c. E. Fürst. Durch. geliebsten

Vorred.

Herrn Gemahels ansehelich Fürstliche New erbaute Capeln/sampt Jher Durchleucht darinnen Sepultur gesehen/ welliche endtlichen gar wol des Königs Mausoli Begräbnuß jme von seiner nachgelaßnen Königin Arthimesia, jm zu ehren auffgericht/ für zuziehen/ vnd nit mit weniger Herrligkeit geziert ist. Nit weit von solcher vber auß köstlichen/ Herrlichen/ ja gar Königlichen Sepultur vnnd Begräbnuß/ hab Ich gefunden ein andere Capel/ welche der Hochwürdig/ in Gott Fürst vnd Herr/ Herr MARTIN, Bischoffe zu Seccaw/ mein Gnediger Herr/ gleichfals gar schön vnnd lustig hat zugericht/ in welcher erstlich zusehen ain schöner Newer Altar/ mit der figur Christi vnsers Erlösers/vnnd seines Statthalters Petri, da vnser Hailand jne Petro sein Heert/mit den worten: Pasce Oues meas, vertraut/ vnd also der Bäbstlichen vnd Bischofflichen Succesion ain anfang gemacht. Nachmals hat gemelter Herr Bischoff/ nit allain des Fundators vñ Stiffters des löblichen Bistumbs Seccaw/ sonder aller seiner in Gott ruenden Vorfordern Bildnussen an die vier Wänd der Capeln inwendig ringtweiß vmb/ sampt jren Wappen zierlich vnnd schön mahlen lassen/ bey welchen nit allein aines jeden Nam/ sonder auch vnder jedem Brustbildt ain Sentenz in Lateyn/ die mehrgemelte Bischoffliche Succesion betreffundt/ mit sonderm fleiß vnderschrieben stehet/ welche Sentenz vnd herrliche Spruch Jr Fürst. Hochwürd auß den Vhralten Vättern/ mit sonderm fleiß zusamen gezogen. denselbigen ain schöne Prefation vnd Vorred fürgesetzt/ vnnd dardurch menigklich wöllen zu verstehen geben/ wie vil die erste vnd fürnembste Lehrer der Christenheit von der Bischofflichen Succesion, vnnd ordenlich Kirchen Regiment gehalten/ als welches ain recht Merckzaichen sey der wahren Kirchen Gottes. Hat gleichfals durch gemeltes am Altar so wol/ als an Wänden lustige Gemähl wöllen andeütten/ daß die Bischoffen zu Seccaw jren ordenlichen Geistlichen Gewalt vom Babst Honorio haben/ Honorius aber Succesiue vom Apostel Petro, Petrus von Christo, vnd dann Christus

von

Vorret.

von seinem Himlischen Vattern/ von welchem die Himlische Stim̃ erschallen: Diß ist mein geliebster Sohn/ ab welchem Ich ain wolgefallen hab: Ipsum audite, den solt ihr hören. Weil dañ solche Sentent mir sonders wolgefallen/ hab Ich Sie in mein Raißbüchlein verzaichnet/ vnd nachmals auff begern vnnd antrieb etlicher Guthertzigen Christen/ Sie inn die Teutsche Sprach zu bringen/ mich vnderfangen/ hab auch zu jedem Spruch besserer erleüterung halben ain sonderbare erinderung gesetzt/ solche Arbait aber an mich genommen/ nit allain daß Ich getröster Hoffnung bin/ es werden die Rechtglaubige durch diß Wercklin gestercket/ vnd mer vielen jrrenden vnd verfürten zu ihrer erleuchtung/ die Augen eröffnet/ sonder auch daß der Auther/ Mein Gnediger Herr/ mir lang zeit bekandt gewesen/ dessen Bischoffliche Hochwirden vnstrafflicher/ rainer vnd vnbefleckter wandel/ vnd andere ansehnliche Tugenten/ menigklich bewust/ auch bey Hohen vnd Nidern Standts Personen alwegen in grossem Rhuem vnd ansehen ist/ vnnd nun auch gar embsig mit grosser Frucht/ nutz vñ wolfart jren vertrauten Schäfflein abwartet.

Warumb aber diese mein ringschetzige Arbeit/ E. Für. Dur. Ich vnderthenigist zuschreibe vnd dedicere/ sein fürnemblich drey vrsachen. Erstlichen/ weil diese Cathedralis Ecclesia, vnd Bischoffliches Thumstifft Seccaw/ in E. Für. Dur. Fürstentumb ist/ vnd E. Für. Durch. ain sonderbare naigūg zu disem Gottshauß jederzeit gehabt/ auch demselben mit sonderen genaden gewegen/ wie solches nit allein die vorgemelte/ E. Fürst. Durch. gantz kostreiche Capel/ sonder auch der tägliche vnd newlich angestelte Gottsdienst solches darthun vnd bezeugen. Fürs ander/ damit E. Fürst. Durch. gehorsamist erindert/ mit was für außbündigen/ Hochgelehrten vnd wol erfahrnen Geistlichen Hirten/ der Allmechtig Gott diß Fürstenthumb Steyr gezieret vñ begnadet hat/ durch welche so lange zeit her der Christliche Glaub gepredigt vnd gehandhabt worden. Zum

Vorred.

Zum dritten/ damit Ich mich inn Namen vnnd stat meines Ordens ainest in gehorsamb danckbar erzaige/ wegen der vnaußsprechlichen Fürstlichen Gnaden/ so E. Fürst. Durch. vnnd dero geliebster Herr Gemahel Ertzhertzog Carl seligster gedächtnuß/ vnsern dreyen Klöstern/ als Gratz/ Judenburg vnd Lanewitz/ mehrmalen gnedigist erwisen/ beuorab in dero Restaurierung/ vnd auch stättigs vnd stäudlichen / solche dermassen gnedigist vnnd häuffig erzaigen / wie dann ohne dieses Fürstliches Patrocinium vnnd gnedigste hülff bey diesen erbärmlichen vnd letzten zeiten in diesem Landt vns zuleben vnd auffzuenthalten/ es vnmöglich sein wurde. Gott der Allmechtig wölle derwegen E. Fürst. Durch. vnd dero geliebten Jungen Herrschafft/ sampetlich vil sonderlich baide Geschlecht bey langwierigem gesundt/ steiffer / glückseliger vnd Fürstlicher Regierung in viel Jar/ gnedigist erhalten. Darumben auch wir trewlichen bey tag vnd nacht/ Insonderhait im aller heiligsten Meß-Opffer zu bitten/ vnd bey vnsern Ordens Brüdern/ dero dieser zeit inn die achtzig tausent sein/ zu rhümen/ vns schuldig erkennen. E. Fürst. Durch. thue Ich mich vnnd den gantzen Orden vnder Ire Landesfürstliche Gnaden Flügel des mütigist vnd gehorsamist befehlen. Datum Wienn in Osterreich in Octaua der H. drey König/ im Jar 1592.

E. Fürst. Durch.

Demütig: vnd gehor: Caplan

F. *Joannes Dominicus Heß,*
Osterreichischer Prouincial.

Præfatio

Præfatio ad Lectorem.

QVIA Tertullianus eam demùm Ecclesiã Apostolicam esse confirmat, cuius primus Episcopus ex Apostolis, aut certè ex Apostolicis viris Episcopatus sui authorem & Antecessorem habuerit, sine dubitatione Seccouiensis ista Ecclesia verè Apostolica numerari debet, quando veluti ramus ab Apostolica Romana Ecclesia procedés authoritate Honorij III. Pontificis Maximi ab Eberhardo Archipræsule Salisburgensi circiter annum Dñi M.CC.XX. fundata & constituta est, cuius proinde Episcopi legitimè sibi vsq; ad hoc tempus subrogati, originem suam ad ipsum Apostolorum principem D. Petrum referunt, quorum Icones, nomina & insignia in hoc sacello ad eorum memoriam posteris prolem iam picta sunt singulorum imaginibus subscriptis, sanctorum Patrum sententijs, vt planè intelligant quot-
quor

Vorred zum Leser.

SEytemal der Vhralte Scribent Tertullianus beweiset/ daß dises die Apostolische Kirch sey/ dere erster Bischof/ einē air: weders auß dē Aposteln, oder aber auß denen Apostolischen Mānern zū Anfänger seines Bistumβ vñ Vorgehern hab/ folgt vnzweiflich/ daß auch die Kirch allhie zu Seccaw/ für Apostolisch gehalten vnd erkennet werden solle / angesehen/ daß sie gleich als ain Ast von der Apostolischen/ Römischen Kirchen entsprossen/ vnnd auß völligem Gewalt Honorij dieses Namens des dritten Römischen Babsts/ durch den Saltzburgischen Ertzbischoffen Eberhardum, gleich im Jar 1220. gestiffte vnnd auffgericht worden ist: Welches Bisthums dann alle ordenlich nach einander folgende Bischoff jrē vrsprung/ biß auff den Fürsten der Aposteln den H. Petrum errennen vnd darthun kõnen/ dero Contrafactur/ Bildnussen/ Namen vnd Wappen inn dieser
B Capel-

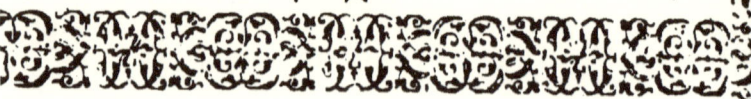

Præfatio ad Lectorem.

quot & quicunque legerint, Ecclesiæ Catholicæ antiquos Doctores ad ostendendam germanam & veram Dei Ecclesiam, perpetua Episcoporum Successione pro argumento firmissimo vti voluisse, simulq́ discant, quàm miserabiliter ad æternum exitium præcipites abeant, qui nostri sæculi hæreticis, nempe Lutheranis, Zuinglianis, Caluinistis, & alijs corpus sine capite profitentibus, vt beatus Augustinus loquitur, nulla legitima ordinatione fretis, nec vel sibimetipsis, vel inter se de diuinarum Scripturarum interpretatione consentientibus, miracula nulla proferentibus, religionis suæ vetustatem nullam demonstrantibus, impurissimis Apostatis, mera ignorantiæ suæ deliramenta fundentibus adhærent & obsequuntur, cùm ex his testimonijs manifestissimè liqueat, in veris pastoribus nulla ratione ducendos, qui Ecclesiam sua ordinaria Successio-

Vorred zum Leser.

Capellen/ allen Nachkömblingen zu ewig wehrender Gedächtnuß eingemalt worden/ Vnnd mit außerlesenen schönen Sprüchen der H. Vätter gezieret/ dabey alle/ so solche lesen/ augenscheinlich erkennen/ daß die vhralten Lehrer die vnnerwehrende vnzertrennte Succession vnd Geburtslini der Bischoffen/ jederzeit für ain gewisses vnfählbar zaichen/ der rechten vnnd wahren Kirchen Gottes gehalten haben/ vnd damit ebner massen menigklich wisse/ wie erschröcklich sich die jenigen inn das ewig verderben stürtzen/ welche da zugethan vnnd anhengig sein/ den jetzt schwebenden Ketzern/ als den Lutherischen/ Zwinglischen/ Caluinischen/ vnd anderen/ welliche (wie der H. Augustinus spricht) Einen Haupt-losen Leib bekennen/ welche sich auff kein rechtmässige ordenliche Succession stewren/ die weder mit jhnen selbst/ noch mit andern in außlegüg Göttlicher Schrifft nit vbereinstimmen/ kaine wunderwerck gewirckt/ auch jhres Glaubens

Præfatio ad Lectorem.

cessione ab Apostolis vsque propagatam probare nequeunt, neq́ alios Duces & antesignanos habet quàm Lutherum, Zuinglium, Caluinum aliosq́ prauorū dogmatum & imposturarum suarum inuentores, vt olim Marcionistæ, Valentiniani, Nestoriani, Donatistæ, non alios quàm Marcionem, Valentinum, Nestorium, Donatum impietatis suæ architectos nominare poterant. Atq́ etiam hisce Patrum dictis clarissimé patet, Romanam Ecclesiam omnium Ecclesiarum matrem & magistrā, ad quam, vt inquit Irenæus, propter potentiorem principalitaté necesse est conuenire omnem Ecclesiam, prorsus ac veré Apostolicam esse. aduersus quàm inferorum portæ nihil possunt. Nam vt de notis alijs illustrissimis, quibus à Synagoga hæreticorum discernitur, taceamus, hoc siquidem, hoc est continuata Episcoporum Successione sanè insignis est, quod satis commonete

Vorred zum Leser. 6

Glaubens altes herkom̄en nit beweisen können / sonder nur ihrer Starenblinden vnwissenheit hirngrillen herfür bringen / so doch auß diesen der H. Vättern angezognen Sprüchen am helle Tag / daß kainer sich aines wahren Hirtens Tittul anmassen soll / der do nicht darthun oder probieren kan / daß sein Kirch durch ordeliche nachfolge der Bischoff von den Aposteln sey gepflantzt worden / vn̄d haben jeer Lehr kaine andere Anfänger vnnd Hauptleut / dann allein Lutherum, Zuinglium, Caluinum, vnnd andere dergleichen Rottengaister vnnd Schwermer / in massen dann auch vorzeitten die Marcionisten / Valentinianer / Nestorianer / Donatisten / kain andere vrhaber ihrer Gottlosen vnnd abschewlichen Lehrnennen könden / dann allein Marcionem, Valentinum, Nestorium vnnd Donatum. Zum andern / so erscheint auch auß disen herlichen Sprüchen der Vätter / daß die Römische Kirch / ain Mutter vnnd
B ij Maistes

Præfatio ad Lectorem.

nere & impellere potest omnes, qui ad castra Hæreticorum transfugerūt, vt ad eius sese gremium recipiant quæ sola Catholicæ nomen, vt est apud D. Augustinum obtinuit, quæ Apostolorum sanguine stabilita & consecrata est, quæ sui semper similis, semper vna,& vnica Christi Sponsa, nullo vnquam errore infecta, miraculorum gloria insignis, tot Romanorum Pontificum, Archiepiscoporum & Episcoporum Successione, vt castrorum acies ordinata, immota, inconcussa permanet, permansit, & permanebit, quam nec Iudæorum perfidia terrere, nec schismaticorum improbitas lædere, nec hæreticorum insania labefactare, nec Tyrannorum immanitas de statu suo conuellere potuit. Quæ teste Augustino, frustra circumlatrantibus hæreticis, culmen authoritatis obtinuit. Sed iā ipsorum Patrum verba legito. Scriptum anno post Christum natum
M. D. XC.

Vorred zum Leser.

Maisterin aller andern Kirchen / zu welcher (wie S. Ireneus spricht) sich sollen vnd müssen / wegen jhres grössern Gewalts vnd principaliter / alle andere Kirchen versamblen vnd bekennen / gantz vnd gar Apostolisch sey / wider welche die Porten der Höllen ichtes nit vermögen. Dañ damit wir andere ansehenliche Merckzaichen / durch welche die wahre Kirch von der Rotten vnnd Secterer versamblungen vnderschiedlich erkent wirdt / geschweigen / so ist je auch die nachfolg vnnd ordenliche Schlüß der Bischoffen / ain so hohes kenzeichen / daß sich ja dardurch billich alle arme Menschen / die sich der Ketzerzunffte zugesellet / bewegt vnd getrieben solten werden / sich zubegeben in die Schos der wahren Kirchen / die allein (wie bey dem H. Augustino zusehen) Catholisch genent kan werden / welche auch mit dem Blut der Apostel gestercket / gehailiget / zu allen zeitten jhr selber gleichförmig / vnzertrent / einhellig / ein ainige Braut

Vorred zum Leser.

Braut Christi / mit keinem Ketzergeschmaiß jemals besudelt / herrlich inn Wunderwercken / vnd wegen beharrlicher Nachfolgung so vieler Römischen Bäbst / Ertzbischoffen vnd Bischoffen biß dato vnterruckt / vnüberwindlich vnd beständhafft / wie ein wolgeordnete Heerspitz verblieben / bleibt auch noch heut also ohnerwegt vnd steiff / vnnd wird noch künfftiger zeit also verharrlich verbleiben. Sie entsetzt sich nit ob der Juden Meinaidigkeit / sie wird durch der Apostaten zerspaltung nit geschädigt durch der Ketzer vnsinnigkeit nit geschwecht. Es kan auch der Tyrannen grausamen toben vnd wüten von jrem wolstand sie nit treiben. Sie hat (wie S. Augustinus bezeuget) ein sehr hohes ansehen erlanget / wie hefftig auch immer die Ketzer darwider gebellet / plöbert vnnd gekallet haben. Doch aber lese hievon des H. Vätter aigene wort selber. Geschrieben nach Christi Geburt
1590.

B iij　　EBER-

Der Bischoffen zu Seccaw

EBERHARDVS II. à Truhsen Archiepiscopus Salisburgensis, Pater pauperum, cum consensu Honory III. Papæ Episcopatum Secconiensem erigit, Anno M. CC. XX.

Fratres, iam non estis hospites & aduenæ, sed estis ciues Sanctorum & domestici Dei, superædificati super fundamentum APOSTOLORVM & Prophetarum, ipso summo angulari lapide IESV Christo, in quo omnis ædificatio constructa crescit in templum sanctū in Domino, in quo & Vos coædificamini in habitaculum Dei in Spiritu sancto. D. Paulus in Epistola ad Ephes. cap. II.

Eberhard II. von Truhschen/ Ertzbischoff zu Saltzburg/ ein Vatter der Armen/ richtet auff vnd stifftet auß verwilligung des Babsts Honorÿ III. das Bistum Seccaw/ Anno 1220.

Brüder/ so seyt nun ir nit mehr Gäst oder Frembling/ sonder Burger mit den Heiligen vñ Haußgenossen Gottes/ erbawet auff den Grundt der Aposteln vnnd der Propheten/ do Jhesus Christus der oberst Eckstein ist/ auff welchem der gantz Baw in einander gefüget/ vnnd wechst zu einem heiligen Tempel in dem Herren/ auff welchem auch jhr mit erbawet werdet/ zu einer Behausung Gottes/ inn dem H. Geist. Der H. Paulus zu den Ephesern am 2. Cap.

CARO-

Succession.

CAROLVS PRÆ- positus Frisacensis, constituitur à Fundatore primus Episcopus Seccouiensis, Anno M. CC. XX.

Attendite vobis & vniuerso gregi, in quo Vos Spiritus sanctus posuit EPISCOPOS regere Ecclesiam Dei, quam acquisiuit sanguine suo, Actorum XX. Mementote PRÆPOSITORVM vestrorum, qui vobis loquuti sunt verbum Dei, quorum intuentes exitum conuersationis imitamini fidem. Hebre. XIII. Paulus autem perambulabat Syriam & Ciliciam, confirmans Ecclesias præcipiēs custodire PRÆCEPTA APOSTOLORVM & Seniorum. Actorum 15.

Carolus Probst zu Frisach wirdt von dem Stiffter des Bistumbs/der erste Bischoff zu Seccaw gesetzt/Anno 1220.

So habt nun acht auff euch selbst/ vnnd auff die gantz Herde/in welliche euch der heilig Geist gesetzt hat zu Bischoffen/ zu regiern die Kirch Gottes/ welliche er durch sein aigen Blut erworbt hat. Actorum 20. Gedenckt an ewre Vorsteher/ die euch das wort Gottes gesagt haben/vnd sehet an den außgang jhres wandels/vnnd folget jhrem Glauben. Hebr. 13. Paulus aber zog durch Syrien vnd Cilicien/ vnd stercket die Kirchen/ vnd gebot/daß sie halten solten die Gebot der Aposteln vnnd der Eltesten. Actorum 15.

HENRI-   Heinri-

Der Bischoffen zu Seccaw

HENRICVS I. consecratur ab ipso fundatore Episcopus Frisaci, in festo Penthecostes Anno M. CC. XXXII.

Dedit DEVS quosdam quidẽ APOSTOLOS, quosdam autem Prophetas, alios verò Euangelistas, alios autem Pastores & Doctores ad consummationem Sanctorum in opus ministerij, In ædificationem corporis CHRISTI: donec occurramus omnes in vnitatem fidei & agnitionis Filij Dei in virum perfectum, in mensuram ætatis plenitudinis Christi: vt iam non simus paruuli fluctuantes & circumferamur omni vento doctrinæ in nequitia hominum, in astutia circumuentionem erroris. D. Paulus ad Ephes. IIII.

Heinricus I. wird von dieses Bistumbs Stiffter zu Frisach im H. Pfingstfest zum Bischoff geweihet, An 0 1 2 3 1.

Er hat zwar etliche geben zu APOSTELN/ etlich aber zu Propheten/ etlich zu Euangelisten/ etliche zu Hirten vnd Lehrern zu erfüllung der Heiligen/ vnd zu dem werck deß Ambts/ zu erbawung des Leibs Christi/ biß daß wir alle einander begegnen in ainigkeit deß Glauben/ vnnd erkäntnuß des Sohns Gottes/ vnd ein volkommen Mann werden/ der do sey inn der maß des volkomnen Alters Christi/ auff daß wir nun nicht Kinder seyen/ vnd vns nicht hin vnnd her we- hen lassen/ von allerlay Wind der Lehrern/ durch behendigkeit (in Schalckheit) der Menschẽ/ damit sie vns erschleichen/ zu verführen/ vnnd in Irrthumb zu bringen.

Erinnerung

Succession.
Erinnerung des Dolmetschers.

Auß obgemeldten Sprüchen Göttlicher Schrifft/ wölle der Christliche Leser vernemmen/ daß die Christenheit sey gebawet auff die Gründ der Aposteln vnnd Propheten/ da Jesus Christus der oberst Eckstein ist/ auff welchen der gantz Baw inn einander gefüget. Weil aber gar schwer/ ja vnmüglich/ daß ohn ein Ordenliche Kirchen Regiment/ ohn ein oberst sichtbares Haupt/ ohn rechtschaffne Lehrer/ auch ohn andere Vorsteher der Christenheit/ solches Fundament vnd Grundfest vnuerruckt/ das Gebäw vnzerfallen bleibe/ daher es auß sonderer fürsehung Gottes an treulichen ordenlichen Kirchen Regiment/ an obersten sichtbaren Häubtern/ Regenten/ Lehrern vnd Vorstehern der Kirchen Gottes nie gemanglet / sonder es ist von einer zeit in die ander/ von einem obern sichtbaren Haupt zum andern/ von einem Hirten zu dem andern/ allwegen biß von dem Hauptapostel Petro an/ ein so herrliche stäte vnzertrente Ordnung gesehen worden/ daß sich nie kein ainiger H. Lehrer darvon hat im wenigsten pünctelein abgesündert. Wann dann nun etliche herfür krochen/ vnd sich ausserhalb diser ordenlichen Regiments für rechtmässige Lehrer vn̄ Apostolische Hirten auffgeworffen/ so ist jnen niemals glauben gegeben worden. Die Catholischen Lehrer aber/ haben in solche selbs gewachßne Rhumsüchtige Menschen/ jederzeit starck drungen/ vnd sie gefragt / woher sie doch jr ankunfft haben? Wer jhre Vorfahren gewesen? Wer jemale in der Welt das Wort Gottes auff jhre Manier außgelegt ? Ob sich auch jhr Lehr/ von einer zeit biß zu der andern/ von einem Lehrer zum andern/ zu ruck biß auf die Apostel vnd jhre Nachkömling erstrecke ? Vnnd weil man dann zu jeden zeiten ja alwegen an allen aberinnigen befunden/ daß jhnen an bedürten stucken gemanglet vnd abgangen / so sind sie für Ketzer erkennet worden / wann sie gleich tausent mal vnnd widerumb tausent mal die Schrifft hetten angzogen/ wie der Christliche Leser in folgenden herrlichen Sentenzen der Vätter gründlich wird abnemmen können.

C   VDALRI-

Der Bischoffen zu Seccaw

VDALRICVS I. aſſumitur Anno M.CC.LVI. ad Archiepiſcopatum Saliſburgenſem, vbi manſit annos nouem, poſtea oneri & honori cedens huc rediit, obijt Anno 1268.

Epiſcoporum in Roma SVCCESSIO hanc conſequentiam habuit: Petrus & Paulus, Linus, Cletus, Clemens, Euariſtus, Alexander, Xixtus, Theleſphorus, Euariſtus, Hyginius, Pius, Anicetus, qui ſupra in Catalago indicatus eſt; Et ne quis miretur, quod ſingula tam exactè recenſemus, per hæc enim ſemper id quod manifeſtum eſt in fide oſtenditur. D. Epiphan. lib. 1. tom. 2. hær. 17.

Ulrich I. wurde im Jar 1256. zu eim Ertzbischoff zu Saltzburg erwöhlt/ in welchem Ambt vnd Würdigkeit Er neun Jar blieben/ nachmalo entladet Er sich dieser Bürd vnnd Eht/ vnnd verfüget sich hieher/ starb nachmalen im 1268. Jar.

Die rechte wolgefaßte Ordnung der Römischen Bischoff hat solche lini vnd Nachfolgung/ Petrus vnnd Paulus/ Linus/ Cletus/ Clemens/ Euariſtus/ Higimus/ Pius/ Anicetus/ deſſen hieoben im Catalogo meldung geſchehen/ ꝛc. Vnd ſol ſich niemand verwundern/ daß wir alle ding ſo fleiſſig vnnd genaw erzehlen/ daß durch ſolche ordentliche Nachfolgung/ wirdt alwegen der menigklich bekant recht Glaub bezeuget/ vnd angezeigt. D. Epiphan. lib. 1. tom. 2. hær. 27.

Erinne-

Succession.

Erinnerung.

In diesem ersten Spruch des heiligen Lehrers Epiphanij / sihet der trewhertzige Leser Sonnen klar/ vnd ist sonst auch weltkündig/ daß inn dem wahren Kirchenstande von anbegin der Christenheit je ein Babst auff den andern in vnzertrenter ordenlicher Succession vnd Stammlinien gefolget/ biß auff diesen jetzo regierenden Babst Innocentium den neundten. Darinnen/ waiß menigklich/ das allwegen hergegen auch einander Regiment sich finden lassen / welches sich wider die Bäbst vnnd jhr Regiment mit gantzer Macht vnd Krafft gesetzt hat. Doch war jederzeit vnder solchen baiden Regimenten ein grosser vnderschied. Dann erstlich ist durch die Bäbst vnnd Bischoff der Catholische Glaub inn einhelliger Außlegung vnd verstande Göttlicher Schrifft durch die gantze Welt vberal gepflantzt vnnd gegründet worden. Die Bäbstfeind aber / haben sich nur in etlichen Winckeln behelffen müssen/ vnnd ob gleichwol Arius mit seiner abschewlichen Leeb ein groß theil der Welt eingenomen/ so ist doch sein Ketzerey entlich wie Butter an der Sonnen zerschmoltzen. Zum andern/ ein jeder Babst könde (wie noch heutiges tags) seines Ambts Gewalts vnnd Beruffs Vrsprung vnnd Ankunfft von einem Vorgeher zum andern/ biß auff S. Petrum anzeigen/ solches aber zu thun/ ist nie keinem Ketzer möglich gewesen/ wie sich dann dessen heutiges Tags keiner zuthun vnderfangen darff. Zum dritten / die Bäbst sind alwegen den Bischoffen/ vnnd die Bischoff den Bäbsten/ inn fortpflantzung des Glaubens/ mit einhelligem Beystandt behülfflich gewesen. Die Ketzer aber/ haben einander selber außgemustert/ vndertruckt vnd außgetilget. Zum vierdten/ man kan nit ein ainigen heiligen Menschen/ nit ein ainigen Lehrer anzeigen/ der nit dem Bäbstlichen Stul war in dem Glauben vnd Außlegung Göttliches worts anhengig gewesen/ Vnd sind die Verächter solches Stuls jederzeit/ nit allein von allen Catholischen/ sonder auch von den Ketzern selber/ für verfüher vnd verblender des Volcks gehalten worden/ wie dann solliches auch jetzschwebende Ketzer im Brauch/ dann welcher vnder allen ist/ der nicht den Marcionem, Nouatum, Arrium, Ærium, Donatum, Eunomium,

C 2

Der Bischoffen zu Seccaw
mium/ Jouinianum/ Helusdium/ vñ alle andere alte Schwindelgeister
für Ketzer halt? Vñ was waren solche Ketzer anderst/ als Bapstsfeind/
so wol als vnserer zeit verfürer. Zum fünfften/ gleich wie vnder der
Bibsten nie kein vneinigkeit vnd zerspaltung in Glaubens sachen ge-
wesen/ also ist vnder den Babstfeinden im Glauben nie kein einigkeit
erfunden worden. Zum sechsten/ kein Regiment auff dem Erdboden
ist so bestendig je gewesen/ so vnüberwindlich vnd vnuerruckt/ als des
Babsts Regiment/ wider welches die Porten der Höllen auch viel
zu schwach seind. Was für ein vnkrässtige Hudeley vnd gesticktes zer-
back es wesen in Ketzerischem Regiment sey/ solten die Teutschen lengst
gesehen haben/ wann sie nit mutwillig blind sein wolten. Vnd wer solt
sich dann verwundern/ daß alle H. Lehrer sich zu ainer solchen ordenli-
chen/heiligen vnnd vnüberwindlichen Kirchen begeben haben? wie die
am Epiphanio zu sehen/ vnd in andern Sprüchen der Vätter auch klar
erscheinen wird.

BERNHARDVS

Decanus Pataniensis surrogatur in Episcopum Seccouiensem, Anno M.CC.LXVIII.

Fundantes igitur & instruentes beati Apostoli Ecclesiam, Lino Episcopatum administrandæ Ecclesiæ tradiderūt, SVCCEDIT autē ei Anacletus, post eum tertio loco ab Apostolis Episcopatum sortitur Clemens, qui & vidit Apostolos, & contulit cum eis, cum adhuc insonantem prædicationem Apostolorum & traditionem

Bernhardus Dechant

zu Passaw wird Bischoff zu Seccaw/im Jar 1268.

Demnach die seligen Apostel die Kirche Gottes gründeten vnd vnderrichteten/ haben sie dem Babst Lino das Römische Bistum/die Kirchen Gottes zu verwalten überraicht. Auff die senist gefolgt Anacletus/ nach jme hat von den Aposteln an/den dritten ort in diesem Bistum erlangt Babst Clemens/welcher auch die Apostel selbs gesehen/ vnd

Succession.

ditionem ante oculos haberet. Huic autem Clementi SVC-CEDIT Euaristus, & Euaristo Alexander, ac deinceps sextus ab Apostolis constitutus est Sixtus, & ab hoc Thelesphorus, qui etiam gloriosissimè Martyrium subijt, ac deinceps Hyginius, post Pius, post quem Anicetus. Cùm autem SVCCESSISSET Aniceto Soter, nunc duodecimo loco Episcopatum ab Apostolis habet Eleutherius. Hac ordinatione & SVCCESSIONE, ea quæ est ab Apostolis in Ecclesia traditio & veritatis præconisatio peruenit vsq; ad nos, D. Irenæus aduersus Hæret. lib. 3. cap. 3.

vnd bey lebens zeit sich mit jnen besprachet hat/ da er noch die wolklingent Predig der Aposteln vñ jhre Satzunge vor Augen sahe. Auff disen Clementem aber ist gefolgt Euaristus / auff Euaristum Alexander / vnnd hernach der sechst von den Aposteln an / ist gesetzt worden Sirtus/ vnd nach dem Thelesphorus/ welcher auch mit höchsten ehren die Marter erlitten hat/ nach jm Higinius / nach diesem Pius/ nach demselbigen Anicetus: als aber auff den Anicetum gefolget ist Soter/ so ist nũ jetzt Eleutherius der zwölffte/ welcher von den Aposteln her das Römisch Bistumb innen hat. Durch dise Ordnung vñ Succession ist die Satzung / so die Kirch von den Aposteln hat vñ die verkündigung der Warheit/ biß auff vns hergebracht/&c. D. Irenæus im dritten Buch wider die Ketzer am dritten Capitel.

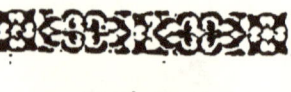

C iij Erin-

Der Bischoffen zu Seccaw Erinnerung.

Dieser Lehrer Irenæus ist noch eher weder Epiphanius/ darn Er 170. Jar nach der Apostel zeit gelebt/ vnnd auch vmb Christi willen sein Blut vergossen. Ist eben auch (wie andere Lehrer) der mainung/ daß man bey dem Römischen Regiment die wahre Kirchen suchen soll/ dann do gehe alle ding fein ordenlich zu/ dann do sehe man wie Gott einem jeden sichtbarn Haubt nach dem andern Gnad verleihe die Kirchen fort zu pflantzen/ zu regieren/ vnd durch solche ordenliche Regierung köm die Warheit von einem Geschlecht in das ander/ von einer zeit in die ander.

LEOPOLDVS consecratur Episcopus ab HENRICO Episcopo Ratisbonensi Salisburgi, Anno M.CC.LXXXIII.

Negare non potest, scire te in Vrbe Roma Petro primò Cathedram Episcopalem esse collatam, in qua sederit omniũ Apostolorum caput Petrus, vnde & Cephas appellatus est, in qua vna Cathedra vnitas ab omnibus seruaretur, ne cæteri Apostoli singulas sibi quisque defenderent, vt iam schismaticus esset, qui contra singularem alteram collocaret, ergò Cathedra vnica est, in qua sedit Petrus, cui SVCCESSIT

Leopoldus wird in der Statt Saltzburg zu eim Bischoff zu Seccaw geweihet/ von Heinrico Bischoffen zu Regenspurg/Anno 1283.

Du kanst nit verneinen/ daß anfänglich dem H. Petro der Bischoffliche Stuel zu Rom sey auffgericht worden/ inn welchem Er/ als das Haupt aller Aposteln/ gesessen/ daher er dann auch Cephas genennet ist worden/ in welches ainigen Stul die ainigkeit soll erhalten werden/ damit nicht ein jeder Apostel in einem besonderen Stul vertädiget/ vnnd hergegen der für ein Auffrührer

Succession.

SIT Linus, Lino Anacletus, Clemens, Euaristus, Alexander, Xixtus, Thelesphorus, Hyginius, Pius, Anicetus, Soter, Eleutherius, Victor, Zepherinus, Calixtus, Vrbanus, Pontianus, Antherus, Fabianus, Cornelius, Lucius, Stephanus, Xixtus, Dionysius, Fælix, Eutichianus, Caius, Marcellinus, Marcellus, Eusebius, Miltiades, Syluester, Marcus, Iulius, Liberius, Damasus, Damaso verò Siricius, hodie qui noster est socius, cum quo nobis totus orbis commercio formatarum in vna communionis societate concordat. Vestræ Cathedræ vos originem reddite, qui vobis vultis sanctam Ecclesiam vendicare: Optatus Mileuit, lib. 2. contra Donatistas.

Auffrührer erkennet wurde/ der wider einen solchen Stul einen besondern wolt auffrichtt. So ist nun der ainige Stul/ auff welche Petrus zu erst gesessen / vñ disem folgt nach Linus/ auff Linum seind nachmals ordenlicher weiß auf einander erfolgt/ Anacletus/ Clemens/ Euaristus/ Alexander/ Sirtus/ Thelesphor/ Hyginius/ Pius/ Anicetus/ Soter/ Eleutherius/ Victor/ Sepherinus/ Calixt/ Vrbanus/ Pontianus/ Antherus/ Fabianus / Cornelius/ Lucius/ Stephanus/ Sirtus/ Dionysius/ Felix/ Eutichianus/ Caius/ Marcellinus/ Marcellus/ Eusebius/ Miltiades/ Siluester/ Marcus/ Julius/ Liberius/ Damasus. Dem Damaso aber folgt Sirtius / welcher heutiges tags vnsers Glaubens genoß/ mit wellichem auch vns die gantze Welt inn Gemainschafft der Formaten vnd gleichförmigen Lehr/ in einträchtigem Beystand verwandt ist. Zeigt auch ihr ewers Stuls Vrsprung vnnd anfang/ dieweil ihr euch je die heilige Kirch wolt zumessen. Optat. Mileu. lib. 2. contra Don.

Der Bischoffen zu Seccaw Erinnerung.

Es wölle alhie der gutwillige Leser/im anfang dieses herzlichen Spruchs Optati, Affricanischen Bischoffs/ vernemmen/ daß die Donatisten/ wider welche alhie Optatus schreibt/ bekennen müssen/ der Haupt Apostel Petrus sey der erst Babst zu Rom gewesen/ wie sie auch immer dem Römischen Stul waren. Wieuil ein trutzigern Sim müssen dann vnsere Widersacher haben/ daß sie.in zweiffel setzen/ ja durch die Banck laugnen dörffen/ daß Petrus zu Rom gewesen sey/ vnuerhindert das weder S. Hieronymus noch andere Christen/ jemals den wenigsten zweiffel daran getragen/ vnd darzu auch von etlichen Päbsten/ einen nie hat können widersprochen werden. Zum andern/ weil der hochserleucht Bischoff Optatus sahe/ daß der Ketzer Donatus vom ordenlichen Kirchenstand abgewichen/ vñ damal keinen Vorgeher seiner new erfundenen Lehr/ vñ seines Glaubens keinen ordenlichen Vorsteher weisen kunte/ so erzelt Optacus jhm einen Babst nach dem andern/ denen je vnd je alle Bischoff der gantzen Christenheit/ sampt allen vnnd jeden Christen gehorsamet/ vnd für das oberst sichtbare Haubt der Kirchen erkennet haben/ vnd zeigt jhnen an/ wöllen sie für Euangelisch vnnd Apostolisch erkennet werden/ so sollen sie auch also ordenlicher weiß einen Vorsteher jhres Glaubens nach dem andern ernennen/ wo sie aber das nicht vermöchten/ so solten sie Ketzer sein/ vnnd wann sie gleich noch souil prangens mit der Schrifft hetten. Wie aber? Können sie auch fein also ordenlich einen nach dem andern/ von Petro anzeigen/ der jhres Glaubensgenossen wer gewesen? Nit ein dinglein. Dann solches ist nie keinem Ketzer zu thun möglich gewesen. Ein jeder zwar thumbt sich der Schrifft/ vnnd helt viel auff seinen new erfundenen Glauben/ vnnd wirfft sich auff für Apostolisch. Das aber jemals einer hat herfür tretten/ vnnd seines Glaubens Voreltern anzeigen können/das war so vnmöglich/ als vnmöglich es zu thun ist den Lutherischen/ Calumischer/ Widertauffern/ Schwenckfeldern/ vnnd anderen dergleichen Vnzifser/ ꝛc.

HENRICVS

Succession.

HENRICVS II.
Præpositus Salisburgensis deputatur Antistes Seccouiensis, Anno redemptionis nostræ M. CC. XCII.

Si ordo Episcoporū sibi SVCCEDENTIVM considerandus est, quantò certius, & verè salubriter ab ipso Petro numeramus, cui totius Ecclesiæ figurā gerenti Dominus ait, Super hanc petram ædificabo Ecclesiā meam, & portæ inferorū non vincent eam, Petro enim SVCCESSIT Linus, Lino Clemēs, Clementi Anacletus, Anacleto Euaristus, Euaristo Alexander, Alexandro Xixtus, Xixto Thelesphorus, Thelesphoro Hyginius, Hyginio Anicetus, Aniceto Pius, Pio Sother, Sothero Eleutherius, Eleutherio Victor, Victori Zepherinus, Zepherino Calixtus, Calixto Vrbanus, Vrbano Pontianus, Pontiano Antherus, Anthero Fabianus, Fabiano Cornelius, Cornelio Lucius, Lucio Stephanus, Stephano Xixtus, Xixto Dionysius, Dionysio Fælix, Fælici Eutichianus, Eutichiano Gaius, Gaio Marcellinus, Marcellino Eusebius, Eusebio Milchiades, Milchiadi

Henricus II. Probst zu Saltzburg/wird Bischoff zu Seccaw erkieser/Anno 1292.

So man wil bedencken die ordenliche Succession/oder Folg der Bischoff/so zelet man am aller gewissesten vñ heilsamisten von Petro an/welsichem/als dem/der die gantz Kirch verwalten solt/der Herr saget: Auf disen Felsen wil ich mein Kirch bawē vñ die Porten der Höllen werden sie nit obergwältigen/ dañ auff Petrum ist gefolget Linus/auff Linum Clemens/auff Clementem Anacletus/auff Anacletum Euaristus / auff Euaristum Alexander / auff Alexandrum Sixtus/ auff Sixtum Thelesphotus / auff Thelesphorum Higinius/auff Higinium Anicerus/auff Anicetum Pius/auff Pium Sotherr/auff Sotherum Eleutherius / auff Eleutherium Victor/auff Victorem Seuerinus/auff Seuerinum Calixtus/ auff Calixtum Vrbanus/ auff Vrbanum Pontianus/ auf Pon-

Der Bischoffen zu Seccaw

Milthiadi Sylvester, Sylvestro Marcus, Marco Iulius, Iulio Liberius, Liberio Damasus, Damaso Siricius, Siricio Anastasius. In hoc ordine SVCCESSIONIS nullus Donatista, Episcopus inuenitur. D. August. tom. 2. Epistola 165.

Pontianum Antherus/auff Antherum Fabianus/auff Fabianum Cornelius/auff Cornelium Lucius/auff Lucium Stephanus/auff Stephanum Sixtus/auff Sixtum Dionysius/auff Dionysium Felix/auff Felicem Eutichianus/auff Eutichianū Gaius/auff Gaium Marcellinus/auff Marcellinum Eusebius/auff Eusebium Milthiades/auff Milthiadem Silvester/auff Silvestrum Marcus/auff Marcum Julius/auff Julium Liberius/auff Liberium Damasus/auff Damasum Siricius/auff Siricium Anastasius. Inn dieser Ordnung der Succession/ wird kein Donatistischer Bischoff gefunden. D. Aug. tom. 2. in der 165. Epist.

Erinnerung.

O wol ein herlichs KirchenRegiment im Babstumb/ wie sehr es auch jmmer von den abtrinnigen Christen verhaßt vnd verschmächt wird/noch bleibt es vnuerrückt steiff vnd fest. Gehört haben wir/ daß S.Irenæus einen Babst nach dem andern erzelet/ Optatus deßgleichen biß auff seiner zeit Siricium, eben also erzele die S.Augustinus einen nach dem andern/biß auff Anastasium. Vnd also mögen wir auch mit gleichem thon / vnd mit gleicher beständigkeit/ ja auch mit verwunderung vnnd dancksagung/ von wegen der warhafftigen verhaissung vnd zusagung Christi/ Matth. 16. Luce am 22. nicht allein auff drey hundert oder vier hundert Jar/ sonder vber die tausent fünff hundert

Succession.

Jahr von S. Petro an/ biß auff jetzt regierenden Hirten Innocentium den neundten/ erzelen. Welches Regiment vnder der Sonnen hat sich dann jemals so weit erstreckt? Welches ist je so verharrlich blieben? Warlich/ wer Gottes miltreicher Segen nit dabey gewesen/ es wär lengst vnder seuilen Tyrannen vnnd Regern zu grunde gangen. Vnd wie fein meldet S. Augustinus: Jn dieser Ordnung der Succession wird kein Donatistischer Bischoff gefunden/ also sprechen wir: Es wird in dieser Ordnung der Succession kein Lutherischer/ kein Caluinischer/ kein Zwinglischer Bischoff gefunden. Vnnd wann dann Gott der Allmächtig wolte/ daß der Lutherisch/ Caluinisch/ oder ein anderer Glaub/ solte einen so herzlichen fortgang haben/ daß er sich auff alle Völcker/auff alle zungen/vnd auff alle Länder erstrecken vnnd außbraiten müste/ so soll Gott ja dem Babst ein so gewaltigs langwiriges vnnd vnzertrentes Regiment nicht lassen/ sender solt es jm auß der Hand nemen/ vnd dem Luthero, Caluino, oder dergleichen einem vberliffert haben. Vnd wie hat Christi grundlose Barmhertzigkeit/in welcher er vns vnaußsprechlich liebet/so lange zeit mögen zusehen/ daß er nit Lutherum, oder Caluinum, &c. den Christen zu gutem/ bey zeiten gesendet/ ehe dann der Babst vberhand näme? Oder weil er je (welches doch vnmöglich/ der Göttlichen Lieb vnd Schrifft zu wider) auff Lutherum oder Caluinum warten wolle/ wie daß er noch heutige tage dem Babst/ viel/viel grössere Genad verleyhet/ als Luthero, oder Caluino, oder dergleichen einem? Wie das Gott zusicht/das/ weil im Teutschland/ die Newglaubigen mit einander balgen/zancken/ greinen/ vnd einander ins Haar fallen/ auch jämmerlich zerzausen/vnd dem rechten Römischen/allein seligmachenden Glauben vrlaub geben/ darneben er aber bey andern Frembden/ biß auff vnser Lebzeit vnbekanten Heiden erschallet vnd gepredigt/ wie dann der ainzig Barfüsser Orden albereit in India 304. besetzte vnd wolgebawte Klöster hat/ darinn anders nichtes nit verricht/ dann daß man solche Völcker eintweders im Glauben sterckt/ mehrers vnderweist/oder aber noch andere vnbekehrte darzu führet. Warlich blind vnd Starblindt muß die Welt sein/ die do nit sehen wil/ das Gottes segen bey dem Babst alwegen bliben vnd noch bleibe. VDAL.

Der Bischoffen zu Seccaw

VDALRICVS II. Ecclesiæ Secconiensis Episcopus præficitur, Anno salutis nostræ M. CCC. III.

In illum ORDINEM EPISCOPORVM qui ducitur ab ipso Petro vsq; ad Anastasiũ, qui nunc eandem cathedram sedet, etiamsi quisquam traditor per illa tempora surrepsisset, nil præiudicaret Ecclesiæ & innocẽtibus Christianis, quibus Dominus prouidens, ait de Præpositis malis: Quæ dicunt facite, quæ autem faciũt, facere nolite, dicunt enim & non faciunt, vt certa sit spes fidelibus, quæ non in homine, sed in Domino collocata nunquam tempestate sacrilegi schismatis dissipetur. D. August. tom. 2. Epistola 165.

Ulrich II. wird zu eim Bischoff der Kirchen zue Seccaw erwöhlet/ Anno 1303.

Wann gleich etwan ein Verräther inn die Ordnung der Bischoffen/ welche võ Petro an herrschet/ biß auf den Babst Anastasium/ so an jetzo auff dem Stuel sitzt / zu einer zeit eingeschlichen wer/ so hat er doch der Kirchen vnd den vnschuldigen nichts nachthailigs thun können/ weil der Herr jhnen fürgesehen / do er spricht von bösen Vorstehern: Was sie sagen/das thut/ was sie thun/ das thut nit/ auff daß die Glaubigen ein gewisse Hoffnung haben mögen/ welche nit auff den Menschen/ sonder auff den Herren gesetzet/ durch kein vngewitter / Gotts-lästerlicher zertreissung verwüst werde. D. August. tom 2. inn der 165. Epistel.

Erin-

Succession.
Erinnerung.

Wir stehen nit in abred/ daß biß weilen ein Babst im Apostolischen Stul ein Vnapostolisch Leben/ vnd ein Bischoff ein Vnbischofflichen wandel möchte führen. Was ists aber nun mehr? Sol dann darumb die gantz Christenheit schwancken/ vnnd der Glaub ein Schiffbruch leiden? Hat doch Christus nie Prophecceit/ daß alle Glaubige Hirten vnd Vorsteher/ ein heiligen vnnd vnsträfflichen wandel werden führen. Was gehet der Obersten Hirten böß Leben den Glauben an? Ja desto krefftiger können wir auff den Catholischen Glauben fussen/ weil er nit allein von fromen Vorstehern vnnd H. Lehrern/ die die gantz Welt außgebreit worden/ sonder auch von Vnheiligen Hirten vnuerruckt geblieben/ vnnd von einer Hand zur andern gebracht ist worden.

FRIDERICVS I. de Mitters Kirchen, Præpositus Salicburgensis creatur Episcopus, Anno Domini M.CCC.VIII.

Fridericus I. von Mitterskirchen/ Thumprobst zu Saltzburg/ wider erwöhlter Bischoff/ Anno 1308.

Agnitio vera est Apostolorum doctrina, & antiquus Ecclesiæ status in vniuerso mundo, qui character est corporis Christi, secundum SVCCESSIONES Episcoporum, quibus illi eā quæ in vno quoq; loco est Ecclesiam tradiderunt, quæ peruenit vsq; ad nos, custodita sine fictione, scripturarum tractatione plenissima, neq; additamentū neq; ablationem recipiens, & lectio sine falsatione.

Die wahre Erkantnuß/ ist der Apostel Lehr/ vnd der Kirchen alter stand durchauß in der gantzen Welt/ welliccher ein vnfählbar Kentzeichen ist des Leibs Christi/ nach der rechtmässigen Nachfolg der Bischoffen/ denen die Apostel die Kirch/ so allenthalben an allen enden ist/ vberliffert haben/ welche auch also bewaret auff vns ist kommen

Der Bischoffen zu Seccaw

falsatione & secundum scripturas expositio legitima & diligens sine periculo & sine blasphemia. D. Irenæus lib. 4. contra hæres. cap. 3.

ohn erdichtung/ Lehrreich Göttlicher Geschrifft/ꝛc. deren sie weder zusatz gibt/ noch etwas benemmen laßt. Vnnd ist auch solcher Alter Kirchenstandt ein rechts lebendigs Exemplar vnd Fürschrifft ohn alle falschheit/ vnnd ein rechtmässige fleissige außlegung Göttlicher geschrifft/ ohn ainige Gefahr vnnd Gottslästerung. S. Irenæus im vierten Buech wider die Ketzer am 3. Capittel.

Erinnerung.

Zuuor hat der H. Martyrer Irenæus einen Babst nach dem andern erzelet/ jetzo aber inn diesem Spruch zeigt er vns an/ was die Bäbst haben außgericht in jrem befohlnen Apostolischen Ambt/ nemblich/ gleich wie sie ordenlicher weiß auff einander erfolgt sind/ das Kirchen Regiment zu erweittern/ tag vnd nacht sich bemühet/ Also haben auch Sie hin vnnd wider Bistumber gestifft vnd auffgericht/ durch welche Bischoff die Apostolische Lehr ebenmässig inn Ordenlicher Succession in alle Gränhen der Welt sich erstreckt hat/ also/ daß auch kaum der Sonnen glantz auff Erden weiter raicht/ als der Römische Glaub/ ꝛc. Vnd sihe/ was dieser heilige Martyrer von solcher Kirchen bekennet/ Er sagt/ bey solchem alten Kirchenstand sol man die Warheit suchen/ dann Er thailt sich auß in die Welt/ Er hab ein erdenliche Nachfolg der Bäbst vnd Bischoff. Diese Lehr komme wol beraebit von einem Geschlecht auff das ander/ es sey nichts erdicht darinnen/ sie sey Lehrreich in Göttlicher Schrifft/ ꝛc. Nun ist je jetzunder in der Catholischen Kirchen kein anderer Glaub/ kein anderer Brauch der Sacramenten/ ꝛc. weder zu zeiten Irenæi gewesen/ warumb solten wir vns dan nit biß an das end darinnen finden lassen? wie Irenæus vñ andere H. geib

Succession. 16

VVOCHO A. D
Ecclesiæ Seccouiensis regimen assumptus est, Anno ab incarnatione verbi M. CCC. XVIII.

Multa sunt quæ in gremio Ecclesiæ me iustissimè teneant. Tenet consensio populorum atq; gentiū; tenet auctoritas miraculis inchoata, Spe nutrita, charitate aucta, vetustate firmata ; tenet ab ipsa sede Petri Apostoli, cui pascendas oues suas, post resurrectionem Dominus commendauit vsq; ad præsentem Episcopatum SVCCESSIO Sacerdotum ; tenet postremò ipsum Catholicæ nomē, quod non sine causa inter tām multas hæreses sic ista Ecclesia sola obtinuit, vt cum omnes hæretici se Catholicos dici velint, quærenti tamen peregrino alicui, vbi ad Catholicam veniatur, nullus hæreticorū vel basilicam suam vel domum ostedere possit. August. contra Epistolam Manichæi quam vocant fundamenti. cap. 4.

Wocho warde zum Regiment der Seccawischē Kirchen angenommen / Anno 1318.

Viel ding sind die mich billich inn dem Schoß der Kirchen erhalten. Mich erhelt der Consentz vnnd ainhelligkeit der Völcker vn Nationen. Mich erhelt die Authoritet vnd Gewalt/ so durch Wunderzeichen angefangt/ durch Hoffnung ernehrt/ durch Lieb gemehrt/ vnnd durch alter bestettigt ist. Es hält mich die Nachfolg vnd ordenliche Eini der Priester vom Stul des Apostels Petri an / dem der Herr nach seiner vrstånd seine Schäflin zu waide befolhē/ biß auf das gegenwertige Bistumb. Mich erhelt auch der Namen Catholisch/ welchen namen allein diese Kirch vnder so vilen Ketzereyē nit vnbillich bißher dermassē erhalten/ daß/ ob gleich wol alle Ketzer Catholisch genēt wöllen sein/ iedoch/ was etwan ein Fremdling fraget nach einer Catholischen Kirchen/ keiner sich vnderstehen darf sein Kirch oder Hauß dar für auf zugebē/ oder zuzeigen. S. Augustin. wider die Epistel der Manicheer am vierten Capitel.

Der Bischoffen zu Seccaw Erinnerung.

O wol guldene wort/wie solten nur vnsere Widersecher prangen/stoltzieren vnnd drutzen/wann sie deren ding nur eines bey jhnen funden. Aber da müssen sie auch mit lären Mägen/wie der Juds am Beg abziehen. Dann sovil die Einhelligkeit der Völcker vnd Nationen belangt/ist es gar nichts/dann wie wolten alle Völcker des Erdreichs mit jhnen vbereinstimmen? Weil sie selbst so jämerlich mit einander mit blossen Schwertern fechten/schlagen vnd balgen. Ist jhr Lehr mit Wunderwercken angefangen? Wellichen Hunde haben sie damit auß dem Ofen gelocket? Welches hinckend Roß gerad gemacht? Ist auch jr Lehr durch alter besteitigt? Wo war sie dann vor Luthers zeiten? In welchem Schlupfwinckel lag sie verborgen? Haben sie auch ein ordenliche Succession? In Summa/deren ding haben sie nit ein ainige/die den H. Augustinum bey der Kirchen erhalten. Vnd an der ordenlichen Nachfolg felt es jhnen doch so gantz vnnd gar/daß sie mich selber erbarmen. Ist doch kein Bawr/kein Hirt/oder sonst armer Bettler/der nit sein ankunfft vnd herkommen auff ein Geschlecht/oder etliche köniie darthun. Aber wo wöllen sich diese Leut hin wenden? Sie wissen vor Luthers zeiten in Warheit niemandts. Was man darumb von jhnen halten sol/das wölle der Christlich Leser in volgendem Spruch Tertulliani vernemmen.

HENRICVS III. Ecclesiæ Seccaniensi capit præesse, Anno reparatæ salutis M. CCC. XXXIIII.

Ex ipso ordine manifestatur, id esse Dominicum & verum quod sit prius traditum, id autem

Heinricus III. hat angefangen der Seccawischen Kirchen vorzustehen Anno 1334.

Die Ordnung gibt es selber offentlich zu erkennen/daß das jenig alles wahr/recht vnd gut/

Succession.

tem extraneum & falsum quod sit posterius inmissum. Ea sententia manebit aduersus posteriores quasq; hæreses, quibus nulla constantia de conscientia comperit, ad defendendam sibi veritatem. Cæterum si quæ audent interserere se ætati Apostolicæ, vt ideò videantur ab Apostolis traditæ, quia sub Apostolis fuerunt, possumus dicere, ædant ergò origines Ecclesiarum suarum, euoluant ordinem Episcoporum suorum, ita per SVCCESSIONES ab initio decurrentem, vt primus ille Episcopus aliquem ex Apostolis vel Apostolicis viris, qui tamen cum Apostolis perseuerauerit, habuerit authorem & antecessorem. Hoc enim modo Ecclesiæ Apostolicæ censuæ suos deferunt, sicut Smyrneorum Ecclesia habens Policarpum à Ioanne collocatum refert,&c. Sicut Romanorū Clementem à Petro ordinatum edit. Tertull. lib. de præscript. hæret. cap. 31. & 32.

gůt/was erſtlich fürgetragen/ vnd geleert worden/ hergegen aber vnrecht vnnd falſch ſey/ was hernach eingeworffen vnd vnder den guten Samen gemiſcht worden/ vnd diſer Sententz wirdt alwegen ſtandhafft bleiben wider alle vnnd jede nachfolgende Ketzereyen/ welliche die Warheit jhres thails mit alniger beſtändigkeit nach gutem gewiſſen nit werden erhalten/noch jhr Leer damit erretten können. Wañ ſich aber etliche Ketzer inn die zeit der Apoſtel einflicken/ vnd für Apoſtoliſch gehalten wolten werden/ weil ſie zu der Apoſtel zeit geweſen ſind/ ſo antworten wir jhnen: Wolan/ ſo wöllen ſie vns jhrer Kirchen ankunfft vñ herkommen nennen/ Sie wöllen vns jhr Biſchoff nacheim ander erzelen/ dermaſſen/ daß die Ordnung durch die Succeſſio oder Nachfolgung alſo von anfang herlauff/ das der erſte Biſchoff einen von den Apoſtelñ oder Apoſtoliſchen Männern/ der gleichwol

E bey

Der Bischoffen zu Seccaw

bey den Apostlan bliebẽ sey/zu einem Vrheber vnd Anfänger gehabt hab. Dann der gestalt geben die Apostolische Kirchen jhre zeugknussen: wie dann die Kirchen zu Smyrna/welche den heiligen Policarpum hat/anzaigen kan/daß derselbig vom heiligen Joanne dem Aposstel darzu erwöhlet/vnd die Römisch Kirch welliche den Babst Clementem hat / daß derselbig sein Ambt vom H. Petro her hat.

Erinnerung.

Bie merckt der Christliche Leser/ wie auch der Vhralte Scribent Tertullianus vor 13. hundert Jaren keinen für Euangelisch halten wolt / wofer dessen Kirch nit von den Aposteln an durch ordenliche Nachfolg von zeiten zu zeiten in vnzerttrenter steten Ordnung vnnd Lini je von einem Bischoff vnd Lehrer zum andern/inn ainigem vnzertrentem Glauben jhr ankunfft hette. Ædant origines, spricht Tertullianus: Sie wöllen vns jhrer Kirch Ankunfft vnd herkommen nennen/sie sollen die ordenliche folg jhrer Bischoff durch suchen/ Kan man solches nicht auch den jetzigen Ketzern allen mit einander/ wie sie auch haissen / Lutherisch oder Zwinglisch / Caluinisch oder Widertaufferisch/fürwerffen? Von wañen kommen sie? Bäbst vnd Bischoff (wie gebört) können jre Voreltern nennen. Wer seind der jetzigen Ketzer Voreltern? Wo ist jre ordenliche vnzertreente Succession vnnd Stam Linien? Wo ist je ein ainiges Königreich in der gantzen Welt so weit vnnd brait sie ist/ jres Glaubens gewesen? Ja wol/ was sag Jch von einẽ Königreich? Wo ist durch 1500. vñ mehr Jar durch vnd durch jemals ein ainige Statt/ein ainiges Dorff/ein ainiger Mayerhoff/ein ainiges Hirtshüttlein/Lutherisch oder Caluinisch

Succession.

gewesen? Wo ein ainige Kirch/ ein ainige Capellen/ ein ainige Glaßscheiben/ die vor 70. Jaren dem Lutherischen Glauben zu ehren erbawt wer? Wo ein ainiger Winckel/ ein ainiger Mensch/ der sambtlich glaubt het/ was Luther geglaubt vnnd erfunden hat? Welchen Lehrer kan Luther anzaigen/ inn dessen Gemainschaff Er blieben/ oder darauß Er gewachsen wer? Aber das mänglet den Lutherischen durchauß/ da müssen Sie mit Schand vnnd Spot in 1520. Jar stecken vnd behangen/ vnd vermögen weiter vor jnen kein versamblung/ kein Lehrer/. kein Menschen anzeigen/ so es mit jhnen in allem gehalten/ vnd das geglaubt hetten/ was sie glauben. Wie kömen dann wir so buckler darhinder/ daß wir deren Bursch glauben geben/ die gleich so wenig solches darthun können/ als andere Ketzer/ so jemaln von anbegin der Christenheit jhr Gifft vnder dem Schein des Euangelij vnnd rainem Wort Gottes außgesprengt haben?

RVDMARVS
de Haideck, Canonum Doctor, Optimus Paterfamilias, & secundus quasi fundator succeßit Anno M. CCC. XXXVIII.

Rudmarus von Haideck Doctor/ vnd ein hertzlicher guter HaußVatter/ auch gleichsam der ander Stiffter/ volget auff Heinricum/ Anno 1338.

Quoniam valde longum est in hoc tali volumine omnium Ecclesiarü enumerare SVCCESSIONES, maximæ & antiquissimæ & omnibus cognitæ à gloriosissimis duobus Apostolis Petro & Paulo fundatæ, & constitutæ Eccleſiæ, eam

Weiles aber gar lang ist/ in disem Buch aller Kirchen Succession vnd Folg zuerzehlen/ wöllen wir allein der allergrösten vnd ältesten/vnnd allen Menschen bekanten/von den zweyen höchstgepriesten
E ij Aposteln

Der Bischoffen zu Seccaw

eam quam habet ab Apostolis
traditionem & annunciatam
hominibus fidem per SVC-
CESSIONES Episcoporum
peruenientem vsq; ad nos indi-
cantes, cõfundimus omnes eos,
qui quoquo modo vel per sui
placentiam malam, vel vanam
gloriam, vel per cæcitatem &
malam sententiam aliter quàm
oportet colligunt. Ad hanc
enim Ecclesiam propter poten-
tiorem principalitatem, necesse
est omnem conuenire Eccle-
siam, hoc est, eos qui sunt vn-
dique fideles, in qua semper ab
his, qui sunt vndique, conser-
uata est ea, quæ est ab Aposto-
lis traditio. D. Irenæus lib. 3.
contra hæres. cap. 3.

Aposteln S. Petro vnnd S.
Paulo fundirter Kirchen Tra-
dition vnd den Menschen ver-
kündigten Glauben / den sie
von Aposteln hat / vnnd durch
Nachfolg der Bischoff auf
vns bracht / alhie anzeigen. Vñ
wann wir das thun / so machen
wir all die zu schanden / die ein
ob ander weiß entweder durch
jhr aigen Lust vnd Kützel / oder
durch eitelen Ehrgeitz / oder
durch blindtheit böse Lehr an-
derst / dann sich gezimpt / auff
die Ban bringen. Dann zu die-
ser Kirch / von wegen jhrer ge-
waltigen Principalitet vnd vor-
zugs / alle ander Kirchen / das ist /
alle glaubigen in der gantzen
Welt notwendig zusammen
stimmen müssen / in welcher al-
weg von denen / die allenthal-
ben sein / erhalten werden der
Aposteln Tradition, &c.

Erin-

Succession.

Erinnerung.

Sihe Christ/ was für ein herrlichen fortgang zu zeiten Irenæi die Catholisch Kirch alberait gehabt/ vnnd was solche ordenliche Succession fürnutz vnd frucht gebracht hab/ so weit vnd fern hat sie sich erstreckt/ daß auch dieser heilig Martyrer wider die Hauptlosen Ketzer bekennen müste/ es wer gar zu lang/ aller Kirchen ordentliche Succession vnd Nachfolgung zu erzelen. Sihe auch in was grosser Anhoaitet alberait die Römische Kirch vnd Römischer Glaub war/ also daß er sich in alle Völcker außgebrait/ vnd sich zu der Römischen Kirchen/ alle andere Kirchen/ wegen jhrer sondern Hochheit bekannten. Vnd solches können wir heutigs tags noch sagen/ dann gleicher weiß/ wie sich der Römisch Glaub von einem Ort der Welt biß in das ander/ vnd auch inn die New erfundne Welt/ gegen auff vnd Nidergang der Sonnen/ wie im Büchlein des Religionsstandts der Newen Welt/ so durch den Ehrwürdigen/ Hochgelehrten Patrem Valentinum Fricium, vnsers Ordens vber neun Prouintzen General Commissarien, Anno 1588. in Truck verfertttiget/ weits läuffiger zusehen/ weit vnd brait erstreckt/ also ist kein Catholisch Bisstumb in gantzer Welt/ welches nit willig vnd gern sich dieser Kirchen vnderwürffe. Vnd ist auch das ein Vrsach/ warumb das Catholisch Glaube Regiment so steiff/ so ainig/ so vnzertrent vnd beständig jederzeit blieben/ vñ von keinem Ketzerischen Gesindle vberwunden worden/ Wer wolt nun sotöricht sein/ der dz nit sehen kan/ daß weder der Glaub/ noch die Kirch Gottes ainigen fortgang gehabt het/ wañ nicht ein Vorsteher dem andern so fein vnd artlich nachgefolget wer? Inn jetzt gemeltem Senteng ist auch zu mercken/ daß die Römische Kirch Gottes sich nit allein auff die schöne Succession stewret/ sonder auch die Haubt Kirch ist der gantzen Christenheit: Ad hanc Ecclesiam, sagt der H. Martyrer: Propter potentiorem principalitatem necesse est omnem couenire Ecclesiam, Das ist/ Zu dieser Römischen Kirchen/ wegen jrer gewaltigen principalitet vnd vorzug/ müssen

E iij alle

Der Bischoffen zu Seccaw

alle andere Kirchen zustimmen vnd vbereinkommen. Solches leh∫
ret meines crachtens noch außdrucklicher der H. Bernh. lib. 3. de
cons.cap.3. Da er also spricht: Nec vilem reputes formam(scili. Ec∫
clesiæ)quia in terra est, exéplar habet in cælo. Neqz enim filius po∫
test facere quicquam, nisi quæ viderit Patrem facientem, præsertim
cùm ei sub Mosis nomine dictũ sit, vide omnia facias secundũ exem∫
plar, quod tibi in monte monstratum est. Viderat hoc, qui dicebat:
Vidi ciuitatem sanctam, Hierusalem nouam, descendentem de cælo
à DEO paratam. Ego enim propter similitudinem dictum reor,
quod sicut illic Seraphin & Cherubin, ac cæteri quiqz vsqz ad Ange∫
los, & Archangelos ordinantur sub vno capite DEO; ita hic quo∫
que sub vno summo Pontifice Primates, vel Patriarchæ, Archiepi∫
scopi, Episcopi, vel Abbates, & reliqui in hunc modum. Non est
parui pendendum, quod & DEVM habet auctorem, & de cælo
ducit originem. Quod si dicat Episcopus, nolo esse sub, Archiepisco∫
po, aut Abbas, nolo obedire Episcopo, hoc de cælo non est, nisi tu
forte Angelorum quempiam dicentem audisti, nolo sub Archange∫
lis esse, aut ex alio quolibet inferiorum ordinum aliquem non seruien∫
tem subesse cuiquam nisi DEO. Die gestalt der Kirchen wöllest nit
gering achten vnd schätzen/darumb dann daß sie auff Erden ist/das sie
jr Figur vnd Fürbild jm Himel hat. So kan auch der Sohn nichts
nit machen / dann das er sicht seinen Vattern machen/ insonderheit
weil jhme vnder dem Namen Mossie gesagt worden/schaw/ mach
alles nach der Form vnnd Fürbild / das dir auff dem Berg ange∫
zaigt ist. Diß hat auch gesehen/ der da sagt/ vnd Ich Johan∫
nes sahe die heilige Statt/ das Newe Hierusalem vom Himmel
herab steigent/ von Gott zubereitet. Ich halt es sey zu einer gleich∫
nuß geredt worden. Dann gleich wie dort im Himmel die heilige
Geister Seraphin vnd Cherubin / wie auch die andere biß zu den
Engeln vnd Ertzengeln sein geordnet vnder einem Haupt/ welches
Gott ist/ also die auff Erden sein vnder einem obersten Bischoff die
Primaten/ Patriarchen/ Ertzbischoff/ Bischoff/ Abt/ vnd also an∫
dere fort an. Nun sol man nit gering achten/ das so Gott zu einem an∫

fänger/

Succession. 20

finger/ vnd seinen Vrsprung im Himmel hat. Da aber ein Bischoff sagen wolt/ Ich wil nit vnder dem Ertzbischoff sein/ oder ein Abt/ Ich wil nit vnder dem Bischoff sein/ das ist nicht von Himmel/ du habest dann jemals einen Enget sprechende gehört / Ich wil nit vnder den Ertzengeln sein/ oder habest gehört sonst einen auß den vndern Chörn der Engeln/ der sich gewidert het jemand vnderworffen zu sein/ dann allein Gott. Biß hieher der H. Bernh. Ein schöner herrlicher Spruch. Die Römisch Apostolische Kirch/ sagt er/ ist angeordnet wie das Himlische Heer/ vnd gleich wie die Chör der Engel einer vnder dem andern ist/ also seind die Geistliche Priester/ Pröbst/ Abt/ Bischoff/ Ertzbischoff/ re. einer dem andern/ alle aber dem obersten Haupt der Christenheit dem Babst vnderworffen. Diß ist nun vnser herrliches Kirchen Regiment. Ihr Lutheraner aber/ Adiophoristen/ Interimisten/ Philippisten/ Syncrgisten/ Maioristen/ Vbiquisten/ Zwinglianer/ Caluinisten/ Osiandristen/ Flaccianer / Concordisten / was ist ewer Regiment? Was ist ewer Succession/ vnde venistis? Wa kombt jhr her? Wer ist ewer Haupt? Den Patriarchen zu Constantinopel habt jr gesucht/ der will ewer nicht. Wer will ewere Hohen Schulen zu sammen reimen? ewer lang angesponnene Concordi hat ein ende/ ist als ein Menschentandt erloschen. Der H. Paulus sagt: Quæ à DEO sunt, ordinata sunt, Was von Gott ist/ geschicht mit guter Ordnung. Vnser Kirchen Regiment/ nach zeugnuß deß H. Bernhardi/ hat sein Exemplar vnnd Forbild im Himmel/ wo hat ewer Ministerium? dort in der Höll/ davon sagt der H. Job: Vbi nullus ordo, sed sempiternus horror inhabitat, Da alles vnderschlich obersich geht.

VDAL-

VDALRICVS III. de VVeisseneck substituitur Episcopus Anno redemptionis nostrae M. CCC. LI.

Scire debes Episcopum in Ecclesia esse, & Ecclesiam in Episcopo, & si qui cum EPISCOPO non sint, in Ecclesia non esse, & frustra sibi blandiri, qui pacem cum Sacerdotibus Dei non habentes obrepunt, & latenter apud quosdam communicare se credunt, cum Ecclesia quae Catholica est scissa non sit, nec divisa, sed vtiq; connexa & COHAERENTIVM sibi inuicem Sacerdotum glutino copulata, D. Cyprianus lib. 4. Epistola 9.

Der Bischoffen zu Seccaw

Ulrich III. von Weisseneck wirdt Bischoff Anno 1351.

Du solt wissen/ daß der Bischoff mit der Kirchen/und die Kirch mit dem Bischoff verbunden/ vnnd welche es mit dem Bischoff nicht halten/ daß sie der Kirchen nit zugehören/ Wann nun etliche heimlich einschleichen/ die den Frieden mit den Priestern Gottes nit haben/ vnd glauben/ sie haben verborgner weiß mit etlichen Partien Gemainschafft/ so jucken vnd kitzlen sie sich vergeblich/ seytemal die Allgemeine Kirch einig vnd nit zerspalten/ auch nit zertheilt/ sonder zusammen gehäfft/ vnnd mit dem Leim deren nach einander folgenden Priester verbunden ist. Cyprian. im vierdten Buch in der 9. Epistel.

Erinne-

Succession.
Erinnerung.

Was für Bischoff mainstu/ Christlicher Leser/ daß die der H. Marterer Cyprianus gemaint hab? Lutherische oder Caluinische? Zwinglische oder Widertaufferische? oder solche Bischoff/ die jrres Glaubens so wenig Vorgeber gehabt/ als alle jetzschwebende Ketzer? Mainstu nit es seye den jetzigen Ketzern mit diesen wetzen ein Schmitzen versetzet? Seind sie nicht eben so wol verdeckter weiß vnder dem Schein deß Euangelij/ vnd Reformation der Kirchen herein geschlichen/ als die Ketzer/ welche zu zeiten Cypriani sich vermieten? Können sie auch sagen/ daß jhr Kirch Allgmain/ ainig/ vnzerspalten/ vnzertailt/ vnd mit dem Band des Glaubens zu samen geknüpfft sey? Warlich wann sie nit anders zur Sachen werden greiffen/ weder biß dato geschehen/ so soll man viel leichter Hund vnd Hasen/ Wölff vnnd Schaff vereinigen/ weder solche Zanckeysen vnd Balgbeiger.

AVGVSTINVS Ordinis S. Augustini & curiæ Romanæ pœnitentiarius, susceptus est in Episcopum Anno M. CCC. LXXI.	Augustinus anfencklich ein Religioß Augustiner Ordens/ vnd vm Römischen Hof Beichtvatter/ ward zum Bischoff angenommen Anno 1371.
Distincta est à posteriorum libris excellentia Canonicæ authoritas veteris & novi Testamenti; quæ Apostolorum confirmata téporibus per SVCCESSIONES Episcoporum & propagationes Ecclesiarum tanquam in sede quadam sublimiter	Es ist ein grosser vnderschied vnder der Hochheit vnd ansehen der Canonischen Bücher Altes vnnd Newen Testaments/ vnnd vnder den Büchern so hernach geschrieben sind worden. Welche Hochheit vnd ansehen zu der Apostel zeit bestete

Der Bischoffen zu Seccaw

miter constituta est, cui seruiat omnis fidelis & pius intellectus, ibi si quid velut absurdum mouerit, non licet dicere, Author huius libri non tenuit veritatem, sed aut codex mendosus est, aut interpres errauit, aut tu non intelligis. D. August. tom 6. contra Faust. lib. 11. cap. 5.

bestettigt/vñ durch imerwehrende Nachfolgũg der Bischof vñ fortpflantzung der Kirchen/ gleichsam als in einem hohen Sitz gestellet ist/ Dem auch ein jeder Glaubiger vnnd Gottsförchtiger Verstand sich sol vnderwerffen. Wirdt darinnen etwas/ als ein vngereimbtes ding erfunden/ so zimbt sichs nit zusagen/ Der Author vnd Scribent dises Buchs ist von der Warheit abgetretten. Daß eintweder solches Buch einen fähl hat/ oder der Dolmetscher hat geirret/ oder du verstehest es nit. S. Augustin. im ailfften Buch wider Faustum am fünfften Capittel.

Erinnerung:

Gott lob daß wir diesen Spruch vom H. Augustino hören/ inn wellichem wir vernemmen/ daß die Hocheit vnd das grosse Ansehen Göttlicher Geschrifft/ durch immerwehrende Nachfolgung deren Bischoff vnnd fortpflantzung der Kirchen in einen so hohen Sitz gestellet sey. Vnsere Widersacher möchten inn diesem fall einsprengen/ vnd sprechen: Was ists nun mehr/ daß im Babstumb ein Babst auff den andern/ vnnd ein Bischoff auff den andern ordenlich erfolgt? Es dienet nichts zur sach. Dann sie sind alle vom Wort Gottes abgefallen/ die Schrifft vnder die Banck geschos

Succession.

geschoben/ vnnd den Glauben mit Menschen Gesetz vndertruckt. Antwort. S. Augustinus (welchem mehr zu glauben/ weder allen Zegern auff ein hauffen) wil dessen nit geständig sein/ sonder sagt gar das Widerspiel/ vnd weil/ das Wort Gottes sey durch solche Erdenliche Nachfolg in ein hohen Sitz kommen/ vnd ist auch dieses viel glawbiger. Ja/ wie könt es immer möglich sein/ daß Christus dem Bäpstlichen Regiment sovil Gnad verliehen het/ wann man jm sein theures Wort/ darinnen vnder die Banck geschoben het/ vnd anstatt des wahren Glaubens mit falschheit wer vmbgangen? Solt er solchen theuren Schatz nicht baß anlegen? Solt er die Perlein für die Sewen werffen? Haben die Päbst vnd Bischoff das Wort Gottes vnder ein Banck geschoben/ vnd es ist vom Luther an das Liecht kommen? Wie daß dann des Babsts Regiment so ainig/ so vnzertrailt/ starck vnd Wehrhafftig/ daß Lutherisch so zänckisch/ haderisch/ vnd bawfällig? Haben dann die Päbst ohn Schrifft ein Ordenlichers/ ainigers gewalt igers Regiment gesührt/ weder die Lutherischen mit der Geschrifft? Warzu muß dann die Schrifft nutz sein? Babst vnd Bischoff sampt den Kirchen Lehrern/ haben zu sammen gehalten wie ein starcke Mawer/ vnd durch solche ainigkeit ist jr Glaub weit kommen/ jr Kirch so vnüberwindlich biß dato blieben. Hetten sie dann mit der Schrifft schimpfflich gehandelt/ Gott het so lang nicht durch die Finger gesehen. Ist doch kaum etwas lächerlichers zu gedencken/ weder daß Gott denen die Schrifft solte entziehen/ die so heilige Leuth/ so viel Martyrer/ Beichtiger/ Jungfrawen/ Wunderwircker/ Lehrer/ vnnd alles puts inn jhrem Regiment gehabt/ vnnd solte denen das wort vorbehalten/ die nichts dann zertrüttung/ verwirrung/ vnd (wie vor Augen) mehr dann zu viel vbels stifften. Nichts/ nichts. Sanct Augustinus zeigt an/ was von der Schrifft gehalten sey worden/ sie ist nicht vnder die Banck geschoben/ sonder inn ein hohen Thron gestellet/ vnnd so sich einer hat lassen duncken/ es sey darinnen etwas vngereimbtes/ so hat jhm nit gezimmet mit allen vieren hinein zu platzen/ vnd das Buch außzumustern/ wie Lutherus der Epistel Jacobi/ vnd andern

F ij Büchern

Der Bischoffen zu Seccaw
Büchern thon/ist auch nie erlaubt gewesen/daß ein jeder seinem ge=
fallen nach die Schrifft möge stümblen/jr zu vñ abseczen/wie solches
jetzt einem jeden Betzer gemain ist. Vnd der H. Irenæus hat zuuor
solches ebner massen (gleich wol mit andern worten) anzeigt/ Do er
sagt/ daß das Bäpstlich Regiment Lehrreich in Göttlicher Schrifft
sey/ deren man weder zusatz geben/noch er was benemmen lassen.

JOANNES I.
de Neuperg, in Episcopum conse-
cratus est Anno Domini M.
CCC. LXXX.

Quid agis Fauste? quo te
conuertes? quam libri à te pro-
lati originem, quam vetusta-
tem, quam seriem SVCCES-
SIONIS restem citabis? Nam
si hoc facere conaberis, & nihil
valebis, & vides in hac re, quid
Ecclesiæ Catholicæ valeat au-
thoritas, quæ ab ipsis fundatis-
simis sedibus Apostolorum vs-
que ad hodiernum diem SVC-
CEDENTIVM sibimet
Episcoporum serie & tot popu-
lorum consensione firmatur, D.
August. tom. 6. contra Faust.
Manich. lib. 10. cap. 1.

Johannes I. von New=
berg/ ward zu ein Bischoff
geweyhet Anno 1380.

Was thust du Fauste?
Wo wiltu dich hinkehren? das
Buech das von dir auff die
Ban bracht ist/ was hat es für
ein vrsprung? Was für ein al=
tes herkommen? Was für zeugk=
nuß Ordenlicher Nachfol=
gung kanstu vns benennen?
Dann wañ du dich dessen wür=
dest vnderstehen/ so würdest du
nichts gelten/ derhalben so sihe
vnnd lerne hie/ was der Allge=
mainen Kirchen ansehen ver=
mag/ welliches von den wolge=
gründten Apostolischen Stü=
len selber durch Ordenliche
Nachfolgung der Bischof
vnd

Succession.

vnd durch aller Völcker einhäl=
ligkeit bekräfftiget ist. S. Au=
gustin. im 10. Buch wider den
Manicheische Ketzer Faustum
am 2. Capitel.

Erinnerung.

Wer diesen Spruch wol erwegt/ der sicht augenscheinlich/ daß
er einem jeden Betzermeister/ von wort zu wort vnder die Nasen
kan gerieben werden. Dann was haben alle jhre Bücher für ein alters
herkomen? Was für zeugnuß ordenlicher Nachfolgung? Was wolten
sie gelten/ so man sie auff die Antiquitet vnd ordenliche Folg treiben
wolt? Welcher Völcker einhälligkeit bekräfftiget einem Lutheri=
schen Scribenten sein Buch/ sintemal auch ein Lutherischer wider
den andern ist? Hat nit der ansehlich Patriarch Hieremias von Con=
stantinopel newlicher zeit der Lutherischen Lehrpuncten statlich
vnd gründlich verworffen/ verdampt/ vnd verbannet? Par er ist nit
mit einem gelben Jüdenringlein verehret/ wie in der Catholischen
Gloss des Hochgelehrten Societatis IESV Theologi Pauli Ge=
orgij Scherers zusehen? Sihe auch der Leser was S. Augustin.
vom ansehen der Kirchen/ vnd von ordenlicher Succession halt.

FRIDERICVS   Friderich II. võ Bern=
II. de Perneck, in Episcopum   eck/ ward Bischoff do man
assumptus est, Anno redemptoris   zelt 1390.
nostri M. CCC. XC.

Quid est, pro Patribus tuis   Vber was ist das gered:/
nati sunt tibi filij? Patres missi   (im 44. Psalmen des Prophe=
sunt Apostoli, pro Apostolis   ten Dauids.) An stat deiner
filij nati sunt tibi, costituti sunt   Vätter sind die Kinder gebo=
Episcopi. Hodie enim Episcopi   ren.
qui

Der Bischoffen zu Seccaw

qui sunt per totū mundum, vnde nati sunt: ipsa Ecclesia PATRES illos appellat, ipsa illos genuit & ipsa illos constituit in SEDIBVS PATRVM. Non ergo ô Ecclesia te putes deseri, quia nō vides Petrum, quia non vides Paulū, quia non vides illos per quos nata es. De prole tua tibi creuit paternitas, pro Patribus tuis nati sunt tibi filij, constitues eos principes super omnem terram. Vide templum regis quàm latè diffusum est, vt nouerint Virgines quæ non adducuntur in templum regis, nō se ad istas nuptias pertinere. Pro patribus tuis nati sunt tibi filij, constitues eos principes super omnem terram. Hæc est Ecclesia Catholica. Filij eius cōstituti sunt Principes super omnem terram, filij eius constituti sunt pro Patribus. D. Aug. tom. 8. super Ps. 44.

ren? Nemlich/ Es seind zum ersten die Apostel als Vätter gesendet worden/ vñ hernach sind dir an stat der Apostel prcSōn geboren. Bischoff sind dir geordnet worden/ dañ wer hat heutiges tags die Bischoff so noch auff dem gantzẽ Erdkreiß sind/ geborne Die Catholisch Kirch neñt sie Vätter sie hats geborn/ vñ hats auf die stül irer Vätter gesetzet. Derhalbẽ soltu dich/ O du Kirch Gottes/ nicht darumben für verlassen achten/ weil du nit S. Petrum selber sihest/ weil du nit S. Paulum sichstu/ weil du die jenigen nit vor Augẽ sichst/ von denen du zum ersten geboren bist worden. Von deinen Kindern sind dir Vätter erwachsen/ du wirst sie zu Fürsten setzen vber alle Land. Sihe/wie sehr weit sich des Königs Tempel erstreckt/ damit die Jungkfrawen (das ist die Glaubigen) wissen/ daß die/ welche mit in dises Königs Kirchen gebracht werdẽ (das ist/ welche nit in die Allgemain Kirchen gebracht werden) auch nit der Königlichen Hochzeit zugehörig seyen. An stat deiner Vätter sind die

Kinder geboren/ du wirst sie zu
Fürsten setzen ober alle Landt.
Dieses ist die Catholisch Kirch/
ire Kinder die Bischoff sind an
stat irer Vätter (der Aposteln)
verordnet worden. S. August.
ober den 44. Psalmen.

Erinnerung.

An stat der Aposteln sind der Catholischen Kirchen Kinder geboren. Lieber was für Kinder? Lutherische? Caluinische? Zwinglische? Widertaufferische? oder dergleichen? Behüt Gott/ wie wurde so ein schlimme Christenheit auß solchen Kindern worden sein? Was für Gottshäuser/ Stifft vnd Kirchen wurden von jhnen auffgericht werden/ dieweil sie manche herrliche Kirchen verwüst/ vnd in Grundt verderbt haben? Was für Ordenlicher Gottsdienst wurd vnder jrem Regiment auffgericht sein worden/ weil sie so herrliche vnd andächtige Gottsdienst haben abgethon? Wieuil Sacramenta wurde man biß dato glaubt haben? aine/ zwey/ drey/ vier/ oder keine? Noch öffters wer die Augspurgisch Confession in so langer zeit geendert worden. Wieuil gute Werck wurde man diese Jarherumb/ wegen der Ehr Christi geübet habe/ weil die Werck bey jnen nichts gelten? Was wurde man je vñ je/ von Geboten Gottes gehaltē haben/ weil jr falschen fürgeben nach solche zuhaltē vnmöglich? Wieuil Kupffrauben wurde man offtermals der Bibel geben haben/ weil sie jetzt so offt gemartert wird? Was wurde man müssen vom Hochwirdige Sacrament des Altars Christi halte/ dieweil in so kurtzen Jaren so manche widerwärtige mainung dauon sind entsprungen? Was für Nachfolger wurde Luther verlassen habē/ weil in disen 70. Jaren souil Narree gezücht auß seinem Leib krochen? Sie hetten (wofer jr Lehr so lang verblieben) ein solche Kirchē gestifft/ darinen man im Glaubē weder hindersich noch fürsich gewisset/ vñ darinen alle gute Werck/ Christliche Tugent/ Zucht vnd Erbarkeit/ lengst mit Butzen vnd Stiel im Lufft verschwunden wär. SIGMA-

Der Bischoffen zu Seccaw.

SIGMARVS DE Hulneck, constituitur Præsul Seccouiensis, Anno à Virginis partu M. CCCC. XV.

Pro patribus tuis nati sunt tibi filij: Fuerunt & Ecclesiæ APOSTOLI patres tui, quia ipsi te genuerunt. Nunc autem quia illi RECESSERVNT à mundo, habes pro his EPISCOPOS filios qui à te creati sunt. Sunt enim & hi patres tui, quia ab ipsis regeris. Constitues eos principes super omnem terram; constituit CHRISTVS sanctos suos super omnes populos. In nomine enim DEI dilatatum est Euangelium in omnibus finibus mundi, in quibus Principes Ecclesiæ, id est, EPISCOPI constituti sunt. D. Hieronymus super Ps. 44.

Sigmarus von Holneck/ wird geordnet zu ein Bischoff zu Seccaw Año 1415.

An stat deiner Vätter sind die Kinder geboren/ O du Kirch Gottes/die Aposteln sind deine Vätter gewesen/ dann sie haben dich geboren/ weil aber nun jetzunder sie von der welt abgewichen seind/ so hast du an irer stat die Bischoff/ als Kinder/ die von dir geboren seind worden/ vnd diese seind doch darneben auch deine Vätter/ weil du von jhnen geregiert wirst. Du wirst sie setzen zu Fürsten vber alle Land. Christus hat seine Heilligen vberall die Völcker gesetzet/ dann im Namen Gottes ist das Euangelium in aller Welt Gräntzen außgebraitt/inn welche die Fürsten der Kirchen/ das ist/ die Bischoff gesetzt sind. S. Hieronymus vber den 44. Psalm.

Erinne

Succession.

Erinnerung.

Dieser Spruch trifft mit dem vorigen zu/ wie solches die Wörtlein Recesserunt, constitues, Patres, creati, &c. außweisen/ in welchem aber auch zumercken/ daß Gott seine Heiligen vber alle Völcker gesetzt hat. Weil nun Luther/ Caluinus/ Zwinglius/ Mengerus/ Osiander/ Vigrinus/ vnd andere Rottenmaister/ wöllen Gottes Heiligen vnnd Doctores Ecclesiæ genennet seyn/ Wie daß sie nicht auch mit jhrer Lehr alle Völcker erleucht haben/ wie die Catholischen Lehrer? Inn wellichem Maußloch sindt sie so lang gestecht/ daß sie nit herfür kriechen wöllen? Wer hats jhr befohlen/ daß sie so lang verborgen bleiben? Vnnd weil im Namen Gottes/ wie die S. Hieronymus anzeigt/ das Euangelium in die gantze Welt ist außgebrait/ vnd inn alle Gräntzen/ darein die Nachkömbling der Apostel ein Fueß gesetzet/ wie daß solches nicht durch Lutherum, Caluinum, Osiandrum, Butzer/ Schnepff/ Meußlin/ Schmidlen/ oder durch sonst einen Betzer geschehen? Wie daß Gott den Bäbstischen Lehrern solche Genad geben? Wo war die Lutherisch Lehr/ oder die Caluinisch zu der zeit/ in welcher ein Babst auff den andern/ ein Bischoff gleicher gestalt auff den andern/ wunderbarlicher weiß erfolget? Siehe der Leser die auch/ was der H. Hieronymus von dem Babstumb halte/ ob er auch glaub/ daß bey jnen das Euangelium nichts golten hab? So wenig als solches (wie oben anzaigt) S. Augustinus vnd Irenæus glaubt/ so wenig glaube es die S. Hieronymus, sonder sagt/ durch Sie sey das Euangelium in die gantze Welt außgebrait.

G   VDAL-

Der Bischoffen zu Seccaw

VDALRICVS IIII. Comes de Albeck, Canonum Doctor famosissimus, Episcopus Verdensis, qui etiam ab Eugenio Papa Cardinalis creatus est, succedit Anno M.CCCC.XVII.

Sed tu Fauste, qui prohibes argumentari cum de rebus agitur, quæ pertinet ad IESVM, & quærendum censes, quid ipse de se, quidue Apostoli sui de eodem prædicauerint. Cum cæpero Matthæi Euangelium recitare Apostoli eius, vbi narratio Natiuitatis eius tota contexitur, continuò dices, illam narrationem non esse Matthæi, quam Matthæi esse dicit vniuersa Ecclesia ab Apostolicis SEDIBVS vsq; ad præsentes EPISCOPOS certa SVCCESSIONE perducta. D. Aug. tom. 6. cont. Fau. Manich. li. 18. cap. 2.

Vlrich IIII. ein Graff von Albeck / ein weitberümter Doctor des Geistlichen Rechts / Bischoff zu Verdt / der auch vom Babst Eugenio Cardinal gemacht ist worden / wird Bischoff Anno 1417.

Du Fauste wilt / man soll dir kein Argument fürwerffen / wann man von denen Glaubens sachen handlet / die Christum Jesum antreffen / vnd vermainst / man sol erst lang fragen / was Christus von jm selber geredt / vñ was auch von jm die Apostel geprediget haben / vñ so ich darauff anfang dir das Euangelium Matthei zu erzelen / darinen er die gantze Stam vñ Geburts lini Christi des Herrn ordenlich zusamen setzet / so bistu alsbalt da / vñ sprichst: Solche geburts lini sey nit des H. Mat. vnangesehn daß die gantz Kirch Gottes / welche võ den Apostolischen Stülen an / durch ordenliche Succession biß auff die jetzt regierende Bischoff hergebracht ist / beweiset vnd dar thut / daß solches der Eudgelist Mat. geschriebe. S. Aug. im 28. Buch wider den Ketzer Fau. im 2. Ca.

Succession.
Erinnerung.

Fauſtus war ein Mañ/ wie alle andere Betzer/ der mit auff-
geblaßnen Backen die Schrifft herauß blieſe/ vnd wann man jhn mit
der Schufft maiſtern wolt/ ſo verwarff er eintweders gantze Bü-
cher/ oder ſchrauffet den Text auff ein Frembden/ vnd der Catholi-
ſchen Kirchen vnbekanten Verſtande. Solches griflein können vnſerer
zeit Betzer auch ſo artlich/ daß man ſie wol in dem fall für groſſe
Rabiner mag baken/ vnd ſpieken ſie nit alſo der Vntrew vnder dem
Hütlein/ wie wer es möglich/ daß ſie ſo vil ainfältige Menſchen be-
thöreten vnd in Irrthumb brächten?

CONRADVS DE
Reichsberg ſubrogatus eſt Epi-
ſcopus, Anno à nato Chriſto M.
CCCC. XXXII.

Conradus võ Reichs-
berg wird Biſchoff Anno
1432.

Cuinam de Chriſto crede-
tis quibus teſtes alienigenæ non
placent? Noſtrorum porrò, li-
brorum authoritas tot genti-
um conſenſione per SVCCES-
SIONES Apoſtolorum, E-
piſcoporum, Conciliorumq; ro-
borata vobis adverſa eſt. Ve-
ſtrorum autem nulla eſt, quæ &
à tam paucis profertur, & ab ijs
qui DEVM & CHRI-
STVM mendacem colunt: Vn-
de contra eorum mendacem do-
ctrinam ſit, niſi & ipſi tanquam
imitatores

Wem wolt ir von Chriſto
was Glauben/ weil euch die zeu-
gē die ewers glichters nit ſeind/
mißfallen? Vnſerer Bücher
anſehen/ welches mit aller Völ-
cker aintrãchtigē Gemüt durch
ordenliche Nachfolg der A-
poſtel/ Biſchoff/ vnd Concilien
ſtarck vñ krãfftig bleibt/ iſt euch
vnangenãm vnd widerwãrtig/
So iſt aber ewer anſehen vn-
düchtig vñ ſorgl/ dieweil es von
ſo wenigen vñ auch von denen
herfleuſt/ die nit einen wahren
ſondern falſchen Gott vnnd

B.ij Chri-

Der Bischoffen zu Seccaw

Imitatores DEI, & Christi sui mendaces habeantur. D. Aug. tom. 6. cont. Faustum Manich. lib. 13. cap. 5.

Christum ehren. Daher dann solches ansehen wider jhr aigne Lugenhaffte Lehr ist/ es wer dann sach/ daß sie als jhres Gottes vnd Christi Nachfolger ebner massen für Lugner erkennet wurden. August. im 13. Buch wider den Ketzer Faust. Cap. 5.

Erinnerung.

Herr Gott/ wie arßlich trifft auch die S. Augustinus vnserer zeit Secten? Wer mit jhrer Rott ist/ der gehört bey jhnen hinder die Thür/ vnd wans gleich der heiligsten Martyrer vnd Hocherleuchtesten Lehrern einer were/ vnd mit zeichen vnd wundern seine Lehr bestettiget hette. Vnd weil sie dann souil auff jhre aigne vermessenheit bawen/ so widerfähret jhnen (wie S. Augustinus meldet) daß sie nit einen wahren/ sondern einen falschen Gott vnd Christum ehren/ das ist/ so halßstarrig vnnd köpffisch sind sie in jhrer jrrigen mainung/ daß/ wann gleich Gott oder Christus jhnen ichtes zuwider redet/ noch glauben sie es nit/ dessen gib ich auß sehr vielen nur wenig Exempel von jetziger zeit Betzern. Gott sagt sein Wort sol ewig bleiben. Isai. 40. Psalm 118. 1. Pet. 1. Die Betzer sagen/ es sey ober 1500. Jar vndergangen. Christus sagt/ Luc. 22. Er hab für Petrum gebetten/ daß sein Glaub nit abnemme. Nun muß er den Betzern nit allein abgenommen/ sondern bey allen Menschen Kindern so lange zeit außgeloschen sein gewesen. Christus sagt Matth. am 5. Das Liecht Göttlicher Warheit sol nit vnder eim Zuber/ Pottich oder Schäffel verborgen ligen/ sonder es soll auff ein Leuchter angezündet sein/ damit es allen Menschen die im Hauß seind leuchtet/ Das muß den Betzern nit wahr sein/ sonder do muß es jhnen ober 15. hundert Jar in ein Bockshörnlein getrieben/ vnd vnder die Banck geschoben sein worden. Christus sagt/ Matth. 28. Er wölle alle Tag/

biß

Succession.

biß zum end der Welt bey vns sein/Den Ketzern muß er bald nach der Aposteln zeit verborgen gewesen sein/vnd die gnaden Thür versperret haben. Christus sagt/sein Kirch sey dermassen gegründet/daß sie auch von der Höllen Porten nit vberwunden werde/vnd daß sie nit jrren möge. Matth. 16. vnd 28. Luc. 22. Joannis 14. 16. 17. 1. Tim. 3. Das muß auch vnwahr sein/vnd muß die Kirch nit allein so lange zeit sein oberwunden worden/sonder muß auch in Jrrthumben/vnd gar in Abgötterey gesteckt sein. Christus hat gebotten/daß man der heiligen Apostel vnd jhrer Nachkommer Lehr anders nit/als sein Wort annemmen vnd halten soll. Luc. am 10. 2. Thess. 2. 3. Thess. 2. Das muß den Ketzern nichts sein. Christus vnd Paulus sagen lauter/daß der Glaub ohn die Werck zu der Seligkeit nit gnug sey. Matth. 7. vnd 28. Luc. 6. vnd 12. Johan. 13. 3. Corint. 13. Galat. 5. Eph. 2. Tit. 1. 2. 3. Jacob. 1. 2. 2. Pet. 1. Daß muß auch den Ketzern nichts sein. Christus bekennet/daß den Menschen die Gebott Gottes/vermittelst Göttlicher Gnaden/zuhalten leicht sey. Matth. 11. Joan. 13. 14. 15. Rom. 2. 1. Joan. 5. Luc. 1. Das muß den Ketzern vnwahr sein. Christus bezeugt/ Luc. am 15. Daß sich die Engel im Himel erfrewen vber einen Sünder/so da Buß thut/So zeigt die Schrifft an/daß auch die Engel der Menschen Gebet für Gottes Angesicht bringen/Tob. 12. Act. 8. Vnd die Menschen den Engeln im Himmel gleich seyen. Matth. 22. Die Ketzer widersprechen/daß die Heiligen im Himmel vnser Gebet nit erhören/noch sonst iches vmb vnser Händel wissen können. Gott hat den seinen die Seligkeit anders nit/als mit dieser oder dergleichen Condition zugesagt/wann sie seine Gebott halten. Isa. 33. Matth. 4. 5. 7. 19. Marc. 1. Johan. 13. 14. 15. Apocal. 3. Rom. 3. vnd 8. Eph. 2. Heb. 3. vnd 7. 2. Pet. 3. 1. Joan.

3. Den Ketzern muß solches der Glaub allein alles
würcken. Vnd dergleichen viel ding möchten
fürbracht werden/in welchen den
Ketzern Christus muß vns
wahr sein.

G 3   GEOR-

Der Bischoffen zu Seccaw

GEORGIVS I.
Lembucher in Antistitem Seccouiensem ordinatur Anno Redemptoris M. CCCC. XXXIII.

Orbe exeundum est ei, qui forte volet explorare, quæ non ad suam (ô Eugeni) pertinent curam. Parentes tui destinati sunt non ad aliquas regiones, sed ipsum debellaturi orbem. Ite in mundum vniuersum dictum est illis: Et quidem in omnem terram exiuit sonus eorū. Nimis confortatus est principatus eorum, constituti sunt principes super omnem terram. Eis vt tu SVCCEDIS in hæreditatem, ita & tu orbis & vrbis hæreditas. D. Bern. lib. j. de consid. ad Eug. Papam. Veritas debet inquiri apud illos qui sunt ordinarij SVCCESSORES Apostolorum, quibus oportet obedire: Qui autem his aduersantur, debent pro hæreticis superbis & ambitiosis schismaticis haberi & teneri, Irenæus lib. 4. cap. 4.

Georgius I. Lembucher/
wirdt zu eim Vorsteher der Kirchen Seccaw geordnet/ Anno 1433.

Der muß auß der Welt weichen/ der do etwas suchen wolt/ das du (Babst Eugeni) nit zuuersorgen hettest. Deine Voreltern sind verordnet nicht nur etliche Länder/ sondern die gantze Welt mit Geistlichem Kampff zugewinnen. Jhnen ist gesagt: Gehet hin in die gantze Welt/ vnd ist zwar jr Schall außgangen inn alle Land. Jhr Fürstliche Würde ist sehr starck worde. Sie sind gestelt zu Fürsten vber alle Land/ vnnd gleich wie du jhnen nachfolgest zu einem Erb/ also bist auch du das Erb der gantzen Welt. S. Bern. im dritten Buch von der Betrachtung an den Babst Eugenium. Bey denen soll man die Warheit suchen/ welche Ordenliche Nachfolger der Apostel seind/ denen man auch gehorsamb laisten muß/ Die aber denen widerwerttig

Succession. 28

wertig seind/ sollen für hoch-
mütige Ketzer vnd Ehrgeitzige
auffrührer erkennet vnd gehal-
ten werden. Sanct Irenæus
im vierten Buech im 4. Ca-
pittel.

Erinnerung.

Hie sehe doch widerumb der Christliche Leser / wie weit
sich des Babsts Gewalt erstreckt in die gantze Welt / vnnd war-
umb auch nicht der Gewalt Lutheri / Caluini vnnd anderer der-
gleichen Ertzketzer: Wie daß nicht auch jhr Glaub so weit raicht?
Do gibt der Heilig Bernhardus antwort: Des Pabsts Euge-
nij (vnnd nicht des Luthers oder Caluini/ ic.) Voreltern (Lu-
ther vnnd Caluinus haben kein Vorfahren jhres Glaubens) sind
ober alle Länder verordnet. Es mag Luther / Caluinus / vnd
dergleichen SectenSchmidt wol mit etlichen SchlupffWinckeln
für lieb nemmen / vnnd einer dem andern das Haar wol zer-
zausen / biß daß sie letzlich einander selber auffarbaiten. Was
wolten solche Leuth in der gantzen Welt guets außrichten / dieweil
sie in ainigem Teutschland souiel Hader / Vnainigkeit / Zerspaltun-
gen vnd Blutbad haben angericht? Wer wolt bey solchen Zanck-
Eysen die Warheit suchen? oder etwas guts von jhn
verhoffen? Viel billicher suchen wir die
Warheit bey denen / welche
S. Irenæus oben
beschreibt.

FRIDE-

Der Bischoffen zu Seccaw

FRIDERICVS III. ad Episcopatum venit, Anno à redemptione generis humani M. CCCC. XXXVI.

Quanquam me terreat tui (ô Damase) magnitudo, inuitat tamen humanitas. A Sacerdote victimam salutis peto, à Pastore præsidium ouis flagito, facessat inuidia, Romani culminis recedat ambitio; cū SVC-CESSORE Piscatoris & discipulo crucis loquor. Ego nullum primum nisi CHRISTVM sequens, Beatitudini tuæ, id est CATHEDRÆ Petri communione socior, super illam petram Ecclesiam ædificatam scio. Quicunq; extra hanc Domum agnum comederit, prophanus est. Si quis in arca Noe non fuerit, peribit regnante diluuio. D. Hieron. in Epist. 57. ad Damasum Papam.

Friderich III. ist zum Bistumb komen Anno 1436.

Ob ich mich gleichwol ob deiner (O Babst Damase) grossen Heyligkeit entsetz/ so vertröst ich mich doch deiner freundlichkeit/ vnd beger von dir/ als vom höchsten Priester/ das Opffer des Hails/ von dir/ als vom Hirten beger ich schäfflein hülff. Es sey fern aller neid vnd Ehrgeitzigkeit von der Römischen Hochheit. Hie redt ich mit dem Nachfolger des Fischers/ vnd mit dem Jünger des Creutzs. Ich folg keinem ersten/ dann nur Christo/ vnd deiner Heiligkeit/ das ist/ dē Stul Petri bin ich mit der Gemain-schafft vnd Gesellschafft zuge-thon vnd verwandt. Ich waiß/ daß auff disen Felsen die Kirch gebawet ist/ welcher nun ausserhalb dieses Hauß das Lämblein isst/ der ist vnrein. So jemand in der Arch Noe nit sein wird/ der wird zu der zeit des Sünd-flusses verderben. S. Hiero. in der 57. Epistel an den Babst Damasum. Erin-

: Succession.

Erinnerung.

Rath wer do rathen kan/ ob auch S. Hieronymus/ wann Luther oder Caluinus zu seiner zeit gelebt hetten/deren einen für den höchsten Priester gehalten / Vnd ob er von deren einem das Opffer des Bäds/oder als ein Schäflein hülff würde begern haben? Ob er Lutherum oder Caluinum für ein Nachfolger des Fischers/das ist/ für ein Nachfolger Petri het erkennet? Gewiß würde er soutl von jhnen haben gehalten/als viel er von den Luciferianern, Vigilantio, Iouiniano, vnd andern Rotten gehalten hat.

GEORGIVS II.
Vberacker *Decretorum Doctor,*
præfuit Ecclesiæ Seccouiensi Anno
M. CCCC. XXXXIII.

Georgius I.I. Vberacker Doctor/ ist der Kirchen zu Seccaw vorgestanden Anno 1443.

Traditionem Apostolorum in toto mundo manifestatam in omni Ecclesia adest perspicere omnibus; qui vera velint audire, & habemus enumerare eos, qui ab Apostolis instituti sunt Episcopi in Ecclesiis; & SVCCESSORES eorum vsq; ad nos, qui nihil tale docuerunt, neq; cognouerunt; quale ab hæreticis deliratur. Etenim si recondita mysteria sciuissent Apostoli, quæ seorsim ac latenter à reliquis perfectos docebant; his vel maximè traderent

Die Satzung der Aposteln wellche der gantzen Welt entdeckt vnd offenbart ist worden/ können alle Menschen Augenscheinlich sehen/ die/ so die Warheit wöllen anhören. So haben wir her zuertzelen die jenigen Bischoff/ die von den Aposteln der Kirchen fürgesetzt sein worden/ vnnd derselbigen Bischoff Nachkömmling/ biß auff vns/ die haben nichts solches gelehrt oder gewist/ was von den Ketzern vnbesunnen

H) vnd

Der Bischoffen zu Seccaw

rent ea, quibus etiam ipsas Ec-
clesias committebant. Valde
enim perfectos & irreprehensi-
biles in omnibus eos esse vole-
bant, quos & SVCCESSO-
RES relinquebant suum ipso-
rum locum Magisterij traden-
tes. D. Irenæus li. 3.ca.3.aduer.
hæres.

vnd Torecht gelehrt wirdt/ vnd
fürwar/ wann die Aposteln et-
wan verborgne Geheimnussen
solten gewißt haben/ die sie vil-
leicht sonderbar den volkömb-
lichern eröffnen wolte/ so wur-
den sie es fürnemlich denen ha-
ben kundt gemacht/ denē sie die
Kirch Gottes haben vertrawt.
Dan sie wolten daß dise gar vn-
strefflich sein solten/ denen sie/
als Ordenlichen Nachfol-
gern den Sitz jrer Maister-
schafft verliessen vn vbergaben.

Erinnerung.

Dem ewigen Gott sey Lob/ Ehr vnd Preiß gesagt/ daß auch
wir Catholischen eben diese wort noch heutiges Tags sagen können/
was hie der H. Irenæus sagt: Neme einer ein wort nach dem andern
fein ordentlich her/ vnd sehe/ ob wir Catholischen vns nit eben also in
Christo rhümen können / wie S. Irenæus. Können wir nit auch vns
der Apostolischen Tradition / die der gantzen Welt eröffnet ist/ be-
rhümen? Können wir nit auch heutigs Tags in ordenlicher Lini der
Succession einen Babst vnd Bischoff nach dem andern ernennen?
Wie artlich sehen wir auß dem Spruch Irenæi, wer die jenigen sind/
die in der Apostel Fußstapffen vnnd in jhr Ambt getretten seind?
Die ordenliche auff einander erfolgende Bischoff hat S. Irenæus da-
für erkennet/ vnd sonst niemandts anders. Diese helt er in so grossen
Ehren/ daß er sagt: Sie haben alles von den Aposteln gelehrt/ was
zu wissen von nötten. Was solten die jetzigen Rottenmeister darum̄
geben/ daß ein ainiger Lehrer von jnen souil gehalten het/ als viel
man jederzeit von Hauptern der Kirchen gehalten/ die auffeinan-
der ordenlich erfolgt seindt?

CHRI-

*CHRISTOPHO-
RVS à Trautmanstorff, factus
est Episcopus Anno M. CCCC.
LXXVII.*

Sapientiam vnusquisq;
Hæretkorum dicit esse, quam à
seipso adinuenit, fictionem vi-
delicet, vt digne secundum eos
sit veritas, aliquando quidem in
Valentino, aliquando autem in
Marcione, aliquando in Che-
rinto, deinde in Basilide: Fuit
autem & in illo qui contra di-
sputat, qui nihil salutare loqui
potuit. Vnusquisq; enim ipso-
rum, omni modo peruersus, se-
metipsum, regulam veritatis
deprauans, prædicare non con-
funditur. Cum autem ad eam
iterum traditionem quæ est ab
Apostolis, quæ per SVCCES-
SIONES presbyterorum in Ec-
clesiis custoditur, prouocamus
eos, aduersantur traditioni, di-
centes se non solum presbyte-
ris sed etiam Apostolis existen-
tes sapientiores, synceram inue-
nisse veritatem. D. Irenæus lib.
3. cap. 2. aduers. hæres.

Christophorus von
Trautmansdorff / ist
Bischoff worden An-
no 1477.

Ein jeder Ketzer helt diese
ding / die er von jm selber erfun-
den hat / für ein grosse Weiß-
heit / nemlich die erdichtüg / daß
bey jhm die Warheit gefunden
werd / do ist sie dann einmal bey
dem Valentino / dann bey dem
Marcione / bißweilen bey dem
Cherintho / nachmals im Ba-
silide / daneben muß sie gleichs-
fals in dem sein / der wider diese
gemelte Ketzer disputiert / vnnd
gleich so wol nichts hailsames
redet. Dann ein jeder ver-
köhrter Mann schämbt nicht
selbs sich auff zu werffen / vnnd
die rechte Richtschnur der
Warheit zuschmählern. Wail
wir sie aber weisen auff die
Satzungen / die von den Apo-
steln an / biß auff vns raicht / vñ
durch ordenliche Nachfol-
gung der Priester in den Kir-
chen bewahret wird / so seind sie
solché satzungen widerspenstig /

Der Bischoffen zu Seccaw

vnd sprechen: Sie seyen nit al‑
lein höher erleücht / weder die
Priester / sonder auch in Weiß‑
heit den Aposteln fürzuziehen/
vñ haben also die rainere War‑
heit erfunden. S. Jreneus im
3. Buch / am andern Capitel
wider die Ketzereyen.

Erinnerung.

Wann wir diesen Sentenz mit etlichen zuuor gehörten Epib‑
chen vergleichen wöllen / so sehen wir klar vnd hell / daß alle Ketzer
so je gewesen vnnd noch seind /. vber ein Laist geschlagen / dann auß
vorigen Sprüchen erscheint / daß sie sich allwegen (wie auch heütige
Tags noch) der Schrifft berhümen/sich für Lehrer der Kirchen vnd
für Apostolische Männer prächtig auffwerffen / vnd darneben jhrer
Lehr kein Vorgeher anzaigen können. Jetzt sehen wir / daß sich ein
jeder selbst für den weysesten achte / was er dann auß dem Hiernen‑
häußlein seines Kopffs herfür bringt/ darob verwundert er sich sel‑
ber / vnd rhümbt es/ vnd findet bald bey dem vnbehärtsamen Pöfel
einen beyfal. Bald kombt ein anderer / vnd wil auch ein grosser Han
im Korb sein / macht jm gleichßfals einen Anhang/so wol als der
erst / der dritt / der vierdt / der fünfft / 2c. Jst ebner massen ein grosser
Maister im Binenkorb/vnd samblet jm auch ein Rott/do gehet dañ
das Faßnacht Spiel an/ do muß jetzunder die Warheit bey diesem/
daß bey eim andern sein. Auff solche weiß war sie zu Irenæi zeitt/ein
mal bey dem Valentino, dann bey dem Marcione, bißweilen bey
dem Cherintho, nachmals bey Basilide, letztlich bey dem/ der diesen
erzelten Kätzern keinem anhängig war / sonder auch ein besonder Ke‑
tzerey herauß goß. Welcher Blind greifft nit/ daß es eben also /. vnnd
nicht vmb ein Härlein anders im Teutschland zugehet? Dann so
bald Lutherus die Feder wider die Catholisch Kirch gezuckt/ ist ein

auff‑

Succession.

auffgeblaßner Geist nach dem andern herfür gewischt/ deren ein jeder sich für den weysesten geacht/ vnd jhm ein Bursch anhängig gemacht hat. Was ist darauff erfolgt? Eben das/ was S. Irenæus von seiner zeit Schwindelgeistern redt. Dann do muß eben auch jetzt die Warheit bey dem Luther/ dann bey Caluino, dann bey Zvvinglio, einmal bey den Widertauffern/ das andermal bey den Flaccianern/ bald bey den Vbiquentlerischen/ vnd dann bey dem sein/ der diese gemelte Sectenmeister alle oberein hauffen veracht/ vnnd auch was newes vnnd vnerhörts herauß plaudert. Will man dann sie auff die Satzungen der Apostel vnd jhrer Nachkömbling weisen/ Ja wol/ da gilt es nichts bey jhnen/ da haben sie Witz vber Witz vor allen Kirchenlehrern/ vnd souil Witz/ daß sie sich gar den Aposteln an die rechte Seiten setzen dürffen.

JOANNES II.

Serlinger Ecclesiæ Seccouiensis, eius regimini anno sequenti cessit, præsicitur Anno M. CCCC. LXXX.

Tales presbyteros nutrit Ecclesia, de quibus & Propheta ait: Dabo principes tuos in pace, & EPISCOPOS tuos in iustitia, de quibus & Dominus dicebat: Quis igitur erit fidelis actor bonus & sapiens, quæ præponit Dominus super familiam suam, ad danda eis cibaria in tempore. Beatus igitur ille seruus quem veniens Dominus inuenerit sic facientem. Vbi igitur

Johannes II. Serlinger/ wirdt Bischoff zu Seccaw (doch Resigniert Er das volgende Jar.) Anno 1480.

Die Catholisch Kirch erhält vnnd ernehrt solche Priester/ von denen der Prophet sagt: Ich wird deine Fürsten geben im Fried/ vnnd deine Bischoff in Gerechtigkeit/ von wellichen auch der Herr sagt: Welcher ist nun ein getrewer vnnd kluger Knecht/ den sein Herr gesetzt hat vber sein Gesind/ daß er jhnen Speiß geb

Der Bischoffen zu Seccaw

rur tales, quis inueniar? Paulus docens ait, posuit DEVS primó in Ecclesia Apostolos, secundó Prophetas, tertió Doctores. Vbi igitur charismata Domini sunt, ibi discere oportet veritatẽ, apud quos est ea, quæ ab Apostolis Ecclesiæ SVCCESSIO, & id quod est sanum & irrepræhensibile sermonis constat. D. Irenæus lib. 4. cap. 44. & 45. aduersus hæres.

zu rechter zeit. Selig ist der Knecht/ welchen sein Herr/ so er kompt/ findet also thun. Wo muß man aber solche finden? S. Paulus zeigts an/ vnnd spricht: Gott hat gegeben inn der Kirchen/ erstlich Aposteln/ zum andern Propheten/ zum dritten Lehrer. Darumb/ wo hin der Herr sein Gnad des diensts gelegt hat/ da muß man die Warheit erlehrnen/ dann bey denselbigen ist die Nachfolg vñ Succession/ so von den Aposteln herfleust/ vnnd bleibt verharrlich bey jnen/ alles was rechtgeschaffen/ heilsam vnd gesund im wort Gottes ist. S. Ireneus im vierdten Buch am 44. vñ 45. Cap. wider die Ketzer.

Erinnerung.

Auß diesem Spruch ist ja widerumb hell vnd Sonnenscheinlich abzunemmen/ daß die Warheit nit bey den Newen Findelkindern/ sonder bey denen Lehrern zu finden/ welche in ordenlicher Folg einander succedieren/ was wolten wir vns dann zeihen/ daß wir vns von den ordenlicher weiß auff einander volgenden Lehrern wolten abwenden/ vnd denen ellenden Zigeinern nachfolgen/ deren Vorgeher mein rerum Natura gewesen?

MATTHI-

MATTHIAS

Scheit, qui etiam fuit Administrator Patriarchatus Aquileiensis, consecratur Romæ Anno M. CCCCLXXXII.

Si omnes per totum orbem Ecclesiæ tales essent, quales tu Petiliane vanissimè criminaris, Cathedra tibi quid fecit Romanæ Ecclesiæ, in qua PETRVS SEDIT, & in qua hodie Anastasius SEDET: Vel Ecclesiæ Hierosolymitanæ, in qua Iacobus sedit, & in qua hodie Ioannes sedet, quibus nos in Catholica vnitate connectimur, & à quibus vos nefario furore separastis? Quare appellas Cathedram pestilentiæ CATHEDRAM APOSTOLICAM? D. August. lib. 2. cap. 51. contra Epistolam Petiliani.

Matthias Scheitt/

welcher auch Verwalter deß Aquileischen Patriarchats gewesen / wardt zu Rom Consecriert Anno 1482.

Vnnd wann gleich alle Kirchen inn der gantzen Welt solche weren / wie du sie leichtfertig schiltest / was hat dir Petiliane / der Stul der Römischen Kirchen gethon / inn welchem Petrus gesessen / vnnd in welchem heutigs tags Anastasius sitzt? Oder der Stul der Kirchen zu Jerusalem / inn welchem Jacobus gesessen / vnd jetziger zeit Johannes sitzt / welchen wir mit Catholischer ainigkeit verbunden seind / dauon jhr euch schendlich vnd vnsinnigklich abgesündert habt. Warumben nennest du den Apostolischen Stuel / ein Pestilentzischen Stuel. S. Augustinus im 2. Buech am 51. Capittel / wider die Epistel Petiliani.

Der Bischoffen zu Seccaw Erinnerung.

Hie wölle der Trewhertzige Leser widerumb ein altes Betzer fündlein auß den worten S. Augustini vernemmen/ vnd sich erinneren/ ob diß nit gleicher weiß allen Secteumeistern anklebe / Wann die alten Betzer ihrer Lehr Ankunfft vnd Vrsprung nit darthun/ vnd kein ordenliche Succession weisen köndten/ so schendteten vnd schmäheten sie solche Succession sambt dem Apostolischen Stul. Aber es helt sie in disem Spruch der H. Augustinus nit für Euangelisch vnd für raine Lehrer/ von wegen ihres schendtens vñ lästerns.

CHRISTOPHO-RVS II. Zach, Parochus in Knittelfeld, consecratur in Episcopum & Coadiutorem Matthiæ Anno Domini M. D. III.

Scitis Catholica quid sit? & quid sit præcisum à vite? si qui sunt inter vos cauti, veniant, viuant in radice, antequam nimis arescant, iam liberentur ab igne, Ideo non rebaptizamus quod vnum signum est in fide, non quia vos sanctos videmus, sed solam formam tenete, quia ipsam formam habet sarmentum, quod præcisum est de vite, sed quid illi prodest forma si nõ viuit de radice? Venite Fratres, si vultis vt inseramini in vite, Dolor est, cum vos videmus præcisos ira iacere. Numerate Sacer-

Christophorus II. Zach Pfarrherr zu Knittelfelden/ wird Bischoff Anno 1503.

Wist ihr was Catholisch ist? vnnd was es sey wann einer von dem Weinstock wird abgeschnitten? Seind nun etliche vnder euch Fürsichtig/ so wöllen sie herzu kommen/ damit sie inn der Wurtzel leben/ ehe dann sie gar außdorren vnd erfaulen/ von dem Fewr erretet werden. Vnnd deßhalben tauffen wir euch nit noch einmal/ Welches ein zeichen ist im Glauben/ nicht darumben daß wir euch für heilige Leuth ansehen/ dann ihr allein ein Form vnd Schein eines heiligen Lebens

Succession.

Sacerdotes, vel ab ipsa PETRI SEDE, & in ordine illo Patrū, quis cui SVCCESSERIT videte. Ipsa est Petra, quam non vincunt superbæ inferorum portæ. D. August. tom. 7. in Psalm. contra partem Donati.

bens habe/ es hat aber auch ein vnnütze abgeschnittne Weinreb die gestalt einer frischen Reben. Was nutz bringt ihr aber die gestalt/ wann sie nicht inn der Wurtzel lebt? Kommet ihr Bruder/ wölle ihr dem Weinstock eingepflantzt werden/ vns bekümmert gar sehr/ daß wir euch also abgeschnitten ligen sehen. Zele die Priester vom Stuel Petri an/ vnnd sehet wie in der Ordnung derselbigen Alter einer auff den andern gefolget sey. Dieses ist der Felß/ welchen die Hoffertigen Porten der Höllen nicht vbergweltigen. S. August.

Erinnerung.

Dieser Spruch gehet die Donatisten an/ welche sich vnderstunden auß Göttlicher Schrifft zuerzwingen/ Wann ein Kind von einem vnfrommen Priester wurde getaufft/ so wer solche Tauff vngültig vnd nichts. Weil sie aber weder in dieser/ wie auch in anderer jhrer Lehr auff kein Ordentliche Succession vnd Folg der Bischoff könden stewren/ so glaubt jhnen S. Augustinus nit/ vnd wann sie gleich in jhren Büchern alle Blätter mit der Schrifft/ jhr Ketzerey zuuermänteln/ hetten voll ankleibet.

J   CHRISTO-

Der Bischoffen zu Seccaw

CHRISTOPHO-
RVS III. Rauber, Episcopus
Labacensis, fit viuente Matthia
Administrator Seccouiensis, Anno
M. D. IX.

ORDINEM ab Apostoloru̅
Petro cœptum, & vsq; ad hoc
tempus per traducem SVCCE-
DENTIVM Episcoporum
seruatum, hæretici perturbant,
ORDINEM sibi sine ori-
gine vendicantes, hoc est, cor-
pus sine capite profitentes, vn-
de congruit etiam illorum se-
dem, cathedram pestilentiæ ap-
pellare. Nec enim Ideo Impunè
erit, quia sub DEI nomine hoc
agunt. Constat enim suas illos
causas sub DEI nomine agere.
Non enim zelo DEI hoc agunt,
sed locum volentes defendere,
cum sciamus CHORE & CCL.
viros per præsumptionem Deo
offerentes hiatu terræ absor-
ptos esse, & Oziam regem cùm
Deo illicitè obtulisset, lepra in
fronte percussum. Aug. tom. 4.
in quæst. noui & vet. Test.

Christophorus III.
Rauber/ Bischoff zu Las=
bach/ wirdt bey Bischoffen
Matthiæ Lebzeiten Verwal=
ter des Bisthumbs Seccaw/
Anno 1509.

Die Ketzer verwirren die
Ordnung/ so von dem A=
postel Petro angefangen/ vnd
biß auff vnser zeit durch stäte
Handreichung der auff einan=
der folgenden Bischoffen
erhalten ist/ vnd messen jhnen
zu ein Ordnung on ein an=
fang vnnd vrsprung/ Das ist:
Sie bekennen einen Leib ohn
ein Haupt. Darumb zimet es
sich wol/ daß jhr Sitz ein Stuel
der Pestilentz genennet werde/ etc.
Vnnd ob sie gleichwol solche
zerrüttung vnder dem Schein
Göttliches Namens anrich=
ten/ so wirdt es jhnen darumb
vngestrafft nit hingehen. Dan
es zwar bewust ist/ daß sie alle
jhre Handlung vnder dem Na=
men Gottes treiben/ Solches
aber geschicht nit auß Göttli=
chem Eyfer/ sonder damit auch
sie

Succession. 34

sie ein höhern Sitz bekommen.
Auff solliche weiß wissen wir/
das Core vnd 250. Männer/
wegen jhrer vermessenheit von
der Erden Grufft verschluckt/
vnnd das ebner massen König
Ozias/ wegen seines vnbefug=
ten Opffers/mit Aussatz an der
Stirnen geschlagen sey wor=
den. S. August. in den Fragen
des Alten vnnd Newen Testa=
ments im vierdten Theil.

Erinnerung.

Wann S. Augustinus heutige tags noch bey leben wer / was
könt er anders von allen vnd von einem jeden Ketzer reden? Ver=
wirten sie nicht auch die Ordnung / so von dem Apostel Petro an=
gefangen / vnnd biß auff vnsere zeit von einem Lehrer zum andern
hergebracht ist? Thun sie nit solches auch vnder dem glantzenden
Schein Göttlicher Schrifft? Weil sie dann auch den Ketzern gleich
seind/die zu Sanct Augustini zeiten gelebt haben / warumb
sollen wir dann nicht jhren Stul eben so wol ein Stul
der Pestilentz nennen / so wol als Sanct Au=
gustinus seiner zeit Sectenstül ein
Stul der Pestilentz ge=
nennet hat?

J 2 GEOR-

Der Bischoffen zu Seccaw

GEORGIVS III. à Teſſingen I. V. Doctor, confirmatus eſt in Epiſcopum Anno M. D. XXXVI.

Georgius III. von Teſſingen / bayder Rechten Doctor/ wird zum Biſchoff beſtettigt im Jar 1536.

Videtis certè miſeros præcelſos à radice Chriſtianæ ſocietatis, quæ per SVCCESSIONES Epiſcoporum certa per orbem propagatione diffunditur, de ſola figura originis ſub nomine Chriſtiano quaſi areſcentia ſarmenta gloriari. D. Auguſt. tom. 2. Epiſtola 42.

Ihr ſehet daß viel Menſchen abgeſchnitten ſindt von der Wurtzel Chriſtlicher ainigkeit / wellche durch ſtets wehrende ordenliche Succeſſiõ der Biſchoff/ mit gewiſſer fortpflantzung ſich inn die gantze Welt außbrait. Vnd rhůmen ſich ſolche abgeſchnitne Leuth allein in bloſſer geſtalt / als ob ſie von Chriſto ihr Ankunfft hetten/ gleich als ein Weinreb/ ſo vom Weinſtock abgeſchnitten iſt. S. Auguſt.

Erinnerung.

Hie ſehen wir widerumb/ daß S. Auguſtin zu ſeiner zeit alle die jenigen für Ketzer gehalten / welche von der Catholiſchen Lehr/ ſo ſich durch ſtetswehrende ordenliche Folg der Biſchoffen / inn die gantz Welt erſtreckt hat / waren abgefallen/ vnd halff die Ketzer nit/ daß ſie ſich des Euangeliums vnd des Namens Chriſti berhůmeten. Wie ſolten wir dann die Lutheriſchen vnd andere Secten für Euangeliſch vnd Apoſtoliſch halten/ ſo ſie doch eben gerad von deren Kirchen abtrinnig worden/ von deren ſonſt alle andere Ketzer gewichen ſeind? Nemblich von der Rőmiſchen ſind ſie alle außgetretten/ vnnd deßhalben für abgeſchnitne Glieder gehalten worden.

CHRISTO-

Succession. 35

CHRISTOPHO- | **Christophorus IIII.**
RVS IIII. Baro à Lamberg, Præ- | Freyherr zu Laberg/ Thumb
positus Salisburgensis, confirmatus | Probst zu Salzburg/ wird zum
est in Episcopum (sed postea resig- | Bischoff bestettigt (hat doch
nauit) Anno M. D. | nachmals das Bistumb resig-
XXXXII. | niert) Anno 1542.

Ecclesia vna est, quæ vna & intus esse & foris non potest. Si enim apud Nouatianum est, apud Cornelium non fuit. Si verò apud Cornelium fuit, qui Episcopo Fabiano legitima ordinatione SVCCESSIT, & quem præter Sacerdotij honorem Martyrio quoq; Dominus glorificauit, Nouatianus in Ecclesia non est, nec Episcopus computari potest, qui Euangelica & Apostolica traditione contempta, nemini SVCCEDENS, à seipso ordinatus est. Habere namq; & tenere Ecclesiam nullo modo potest, qui ordinatus in Ecclesia non est. D. Cyprianus lib. 1. Epistola 6. ad Mag.

Die Kirch ist ainig/ welche zugleich inwendig vnnd auswendig ainig nit sein kan. Ist sie bey dem Nouatiano/ so ist sie bey Cornelio nit gewest. So sie aber bey dem Cornelio gewesen/ welcher dẽ Fabiano in ordenlichem Beruff nachgefolget/ vnnd vmb Gott die Ehr verdient/ daß er neben seinem Priesterthumb inn die zahl der Martyrer kommen/ so ist Nouatianus inn der Kirchen nit/ vnnd kan auch für keinen Bischoff gehalten werde/ weil er die Euangelische vnnd Apostolische Satzung veracht/ der keinem andern nachgefolget/ vnd hat sich selber auffgeworffen. Dann der kan keines wegs die Kirchen haben/ welcher in der Kirchen nit ist ordinirt worden. S. Cyp. im 1. Buch seiner Epi. in der 6. Epi.

Der Bischoffen zu Seccaw Erinnerung.

Also mögen wir heut zu tag noch wider den Luther/ vnd seine Nachkommen argumentieren. Ist die Kirch bey Babst Leone dem zehenden gewesen/ so ist sie bey dem Luther nit gewesen. Ist sie aber bey Luthero gewesen/ so ist sie bey dem Babst Leone nit gewesen. Wer sie nun bey dem Luther gewesen/ so wurde herauß müssen folgen/ das die Kirch bey einem wer/ der sich selber auffgewo:ffen/ der keinem andern in der Lehr nachgefolget/dessen Glauben niemals/ so lang die Christenheit stet/gehört. Das hat aber S. Cyprianus dem Nouatiano nit wöllen in diesem Spruch geständig sein/ solt er jetzo noch leben/ so wurde ers eben so wenig dem Luthero geständig sein/ vnd so wenig bey jhm/ als bey dem Nouatiano die Kirch Gottes suchen.

JOANNES III.
Malathein Canonicus Salisburgensis, & Patauiensis, surrogatur Anno Domini M. D. XLVI.

Johannes III. von Malathein/ Thumbherr zu Saltzburg vnd Passaw/ wird Bischoff Anno 1546.

Et erunt vnus grex & vnus pastor, inquit Dominus, si autem grex vnus est, quomodo potest gregi annumerari, qui in numero gregis non est? aut pastor quomodo haberi potest, qui remanente vero pastore & in Ecclesia ordinatione SVCCEDANEA præsidente, nemini SVCCEDENS & à seipso incipiens

Es wird ein Hård vnd ein Hirt sein/ spricht der Herr: Ist dann nur ein ainige Hård/ wie kan dann der dieser Hård zugethon sein/ der nit in der zahl der Hårde ist? oder wie kan der für ein Hirten erkennet werden/ welcher/ Do der wahre Hirt immerzu bleibt/ vnnd der Kirchen Gottes inn stätswehrender or denlicher

Succession.

incipiens alienus sit & propha-
nus, Dominicæ pacis & diuinæ
vnitatis inimicus, non habitans
in domo DEI, in qua non nisi
concordes & vnanimes habi-
tant. D. Cyprianus lib 1. Epi-
stola 6.

dentlicher **Succession** vor
stehet/ auff keinen Vorge-
her erfolget/ vnnd seine erste
Ankunfft von jhm selber hat/
als ein Frembdling vnd vnhei-
liger/ vnd ein Feind des Gött-
lichen fridens vnnd Göttlicher
einigkeit/ der do nicht wohnet
im Hauß Gottes/darinnen nie-
mandts anders als einhellige
vnnd einmütige Christen woh-
nen. S. Cyprianus im ersten
Buch in der 6. Epistel.

Erinnerung.

Lege der Christliche Leser diese wort auff die Wag der Ver-
nunfft/ vnd sehe er/ ob nit S. Cyprianus eigentlich auff die Luthe-
rischen vnd andere jetzt schwermende Rott rede/ nit anders/ als ob
er noch lebet. Sie sehen/ daß der wahre Hirt (vom Babst redt S.
Cyprianus) immerzu blieben ist/ vnd noch bleibt/ vnd stet der Kir-
chen vor/ in vnzertrennter Succession/ daneben hat Luther/ Calui-
nus/ Zwinglius/rc. keinen Vorgeher/ vnd seine erste ankunfft von
jhm selber. Wie könden wir aber auch mit sagen/ sie alle mit einans
der sind Feind des friedens vnd Göttlicher einigkeit/ weil je ein
Predigkant wider den andern schreiet vnd schreibt: weil einer den
andern zerketzert/ verdammet/ vnd dem Teuffel ergibt: Ist
auch jemals ein solche vneinigkeit vnder den Catholischen
Predigern vnd Vorstehern entstanden? O nit? S. Cypria-
nus sagt: Im Hauß Gottes wohnen einhellige
vnnd einmütige Christen/ solches se-
hen wir heutige Tage
noch.

PETRVS

Der Bischoffen zu Seccaw

PETRVS PERSI-CVS, Licentiatus Iuris Canonici, conseeratur Episcopus Salisburgi, Anno M. D. L.

Dubitabimus nos eius Ecclesiæ condere gremio, quæ vsque ad confessionem generis humani ab Apostolicæ sede per SVCCESSIONES Episcoporū, frustra circumlatrantibus hæreticis & partim plebis iudicio, partim Conciliorum grauitate, partim etiam miraculorum Maiestate damnatis, culmen authoritatis obtinuit? cui nolle primas dare, vel summæ profectò impietatis est, vel præcipitis arrogantiæ. D. August. lib. de vtilit. cred. cap. 17.

Petrus Persicus, des Geistlichen Rechtens Licentiat/ wird zu Salzburg zum Bischoff geweicht / im Jahr 1590.

Solten wir zweiffeln vns in Schoß deren Kirchen zuuerhalten/ welliche sovveit das Menschlich Geschlecht Christum bekennet/ durch die ordenliche Nachfolge der Bischoff ein grosse Hochheit erlangt hat? Wie fast vnnd sehr auch die Ketzer jmmer dawider gepüllt haben/ die dozumtheil von des gemainen Volcks vrtheil/ zum theil von dem ansehen der Concilien / zum theil von der Mayeßtät grosser wunderwerck sind verdammet worden. Warlich so man einer solchen Kirchen nit den Vorzug lassen will so ist's ein anzigung/ entwedes einer eusserßtē Gottlosigkeit/oder einer grossen vermessenheit. S. Augustinus im Buch von dem nutz zu glauben im 17. Capitel.

Erln

Succession.

Erinnerung.

Etliche Ketzer seind so vermessen/daß sie gern wolten S. Augustinum für ein Lehrer jhrer Partey halten / vnd wolten jhn in jre Winckelkirch schieben. Es ist aber disem Hocherleuchten Lehrer nit gelegen / daß er sich einer solcher letzen Samelrot wolte anhengig machen. In der Kirchen wil er verharren/ welche an der gantzen Christenheit durch ordenliche Nachfolg der Bischoff ein grosse hoheit erlangt hat/ vnd helt es für ein eusserste Gottlosigkeit/vnd für ein grosse vermessenheit/so man diser Kirchen nit den Vorzug lassen woll. Darumb mögen wol die Ketzer/welche sich S. Augustini berhümen/bey eines andern H. Lehrera thür anklopffen. Es ist die S. Augustin nit daheim/aber wie lang müssen sie wol anklopffen/biß jhnen von eim ainigen Lehrer wird auffgethan. Ich rath/ sie klopffen biß an Jüngsten tag / ist er doch/ laut jhrer Prophecey/nabend vor der thür/so werden sie von den H.Gottes jre Abfertigung finden.

GEORGIVS IV.

Agricola, I.V. Doctor, transit ab Episcopatu Lauantinensi ad Seccouiensem Anno M. D. LXXII.

Breuem apertamq; animi mei sententiam proferam, in Ecclesia illa permanendum esse, quæ ab APOSTOLIS fundata vsq; ad hanc diem DVRAT, sicubi audieris eos qui dicuntur Christi, non à Domino nostro IESV Christo, sed à quoquam alio nuncupari, vtpote Marcionistas,

Georgius IIII. Agricola / bayder Rechten Doctor/ kompt vom Lauantinischen zu disem Bistumb Seccaw im Jar 1572.

Ich wil dir mein mainung kurtz vnnd mit lautern worten eröffnen/ man sol vnd muß in der Kirchen verharren/ welche von den Aposteln gestifft vn auffgericht ist worden / vnd biß auff heutigen Tag wehret/ vnd wo du jrgend hörest/ das etliche

Der Bischoffen zu Seccaw

niſtas, Valentinianos, Montenſes ſiue Campitas, ſcito non Eccleſiam Chriſti ſed Antichriſti eſſe Synagogam. Ex hoc enim ipſo, quod POSTEA inſtituti ſunt, eos ſe eſſe indicant, quos futuros Apoſtolus pronunciauit, nec ſibi blandiantur, ſi de ſcripturarum capitulis videntur ſibi affirmare quod dicunt, cùm & Diabolus de ſcripturis ſit aliqua locutus, & ſacræ ſcripturæ non in legendo conſiſtant, ſed in intelligendo. D. Hieronymus aduerſ. Luciferianos.

liche Chriſten ſein wöllen / die do nicht nach Chriſto / ſondern nach andern genennet werden/ als Marcioniter / Valentinianer / Montenſer vnd Campiter / vnnd dergleichen / ſo wiſſe daß dieſe nicht die Kirch Chriſti / ſonder deß Antichriſts Synagog ſey. Dann gleich darumb daß diſe erſt hernach auffgericht/ geben ſie darmit zu erkennen/ daß eben ſie die ſeyen / welche der H. Paulus zuuor angezaigt / daß ſie kommen werden. Vnnd ſollen ſich nun die Ketzer nicht mit der Schrifft jucken vnnd kützlen / dann auch der Teuffel die Geſchrifft hat können anziehen / es iſt aber die Geſchrifft nicht im Buchſtaben oder leſen / ſondern im Verſtand. Hieronymus wider die Luciferianer.

Erinne-

Succession. 38
Erinnerung.

Gehört iſto/ in welcher Kirchen S. Auguſtin bleiben wölle/
jetzund wölle der Chriſtlich Leſer auch fleiſſig ſehen/ zu welcher
Kirchen ſich S. Hieronymus erkenne. Nemblich zu deren/ welche
von den Aposteln geſtifft vnd auffgericht iſt worden/ vnd vnauffhör=
lich gewehret hat/ biß auff ſein zeit. Nun iſt je ein mal gewiß/ daß
eben der/ vnd kein anderer Glaub / der vor Hieronymo gepredigt/
vnd der gantzen Welt verkündet worden / nach S. Hieronymo; auch
biß auff vns verharrlich blieben. Wie ſolten wir vns dann nit gern
dabey erhalten? Es mögen ſich dieweil die Lutheriſchen nach Luthe=
ro, die Caluiniſchen nach Caluino, ein jeder abgefallner nach ſeinem
Sectenmeiſter nennen laſſen/ wie zun zeiten Hieronymi auch ein je=
der verführter Chriſt nach ſeinem Verführer genennet iſt worden.
Was aber dieſer Heilig Lehrer von jhnen helt / iſt in dieſen ange=
zognen Sprüchen abzunemmen.

SIGISMVN-
DVS ab Artzt, Canonicus &
Officialis Salisburgensis eodem mo-
ritur, nondum confirmatus, quo de-
putatur Episcopus, Anno M. D.
LXXXIIII.

Gregorius Nazianzenus,
& Basilius Magnus omnibus
sæcularium libris remotis, so-
lis diuinæ scripturæ volumi-
nibus operam dabant, eorum-
qde

Sigiſmundus von
Artzt/ Thumbherr vnd Of=
ficial zu Salzburg / ſtarb ehe
er Confirmiert ward/ eben inn
dem Jar/ darinnen er zum Bi=
ſchoff erwölet ward/ alſo 1584.

Der H. Gregorius Nazi=
anzenus vñ der groß Lehrer Ba=
ſilius/ habe alle Weltliche Bü=
cher auff ein ort hingelegt/ vnd
ſich allein in Göttlicher ſchrifft
befliſſen/ vñ habe den verſtand

K ij   der

Der Bischoffen zů Seccaw

quæ intelligentiam non ex propria præsumptione, sed ex maiorum scriptis & authoritate sequebantur, quos & ipsos Apostolica SVCCESSIONE intelligendi regulam suscepisse constabat. Hist. Eccles. lib. 11 cap. 9.

der Schrifft nit auß aigner vermessenheit / sonder auß der vhralten Vätter Schufften vnnd Authoritet ergründet vnnd erlehrnet / nemblich, welche Vätter auch gleichfals die Regel des rechten Verstands auß der Apostolischen Succession auch glaublich empfangen hetten. In dem 11. Buch der Kirchischen Hist. im 9. Cap.

Erinnerung.

Was diese zween Lehrer der Kirchen inn die fall gethan / das haben sonst auch alle Catholische Lehrer inn Christlichem Brauch gehabt: Quod inuenerunt in Ecclesia, tenuerunt, quod didicerunt, docuerunt, quod à Patribus acceperunt, hoc filijs tradiderunt, sagt S. Augustinus lib. 2. cont. Iulianum. Vnnd ist Teutsch souil geredt: Was die rechtlehrende Vätter inn der Kirchen gefunden / das haben sie behalten / Was sie vnderwiesen seind worden / das haben sie andere vnderwiesen / Was sie von jhren Vorfahren vnnd Vättern empfangen / das haben sie jhren Kindern vberantwortet. Thäten solches noch heutiges tags die Sectenmaister / so stünd es noch wol in Teutscher Nation / vnnd wegen weder souil spaltungen / noch so wanckelmütige / leichtfertige / verenderliche vnd falsch gedichte Außlegung Göttlicher Schrifft.

Quapropter

Succession. 39

Quapropter ijs, qui in Ecclesia sunt, presbyteris obedire oportet, qui SVCCESSIONEM habent ab Apostolis, sicut ostendimus, qui cum Episcopatus SVCCESSIONE charisma veritatis certum secundum beneplacitum Patris acceperunt, reliquos verò qui absistunt à principali SVCCESSIONE, & quocunq; loco colliguntur, suspectos habere, vel quasi haereticos & malae sententiae, vel quasi scindentes & elatos, & sibi placentes, aut rursus vt Hypocritas quaestus gratia & vanae gloriae hoc operantes. D. Irenaeus lib. 4. cap. 43.

Darumb soll man denen Priestern / so inn der Kirchen seind / gehorsam laisten / welche jhr herkommen vnnd Nachfolg von den Aposteln her haben / dann sie sambt der Bischofflichen Succession die Gaab der Warheit empfangen. Die andern aber / welliche von der höchsten vnnd würdigisten Nachfolg sich entzweyen vnd abtrennen / welches Orts sie auch versamblet seind / sol man sie dannoch für argwönige / verdächtliche vnnd verkörte Ketzer / oder für vbermütige auffrhürer vnnd rhumsichtige Leuth / oder als Gleißner / die alles / wegen jhres aignen Gewins vnd eytler Ehren anfangen / halten. S. Irenaeus inn seinem vierdten Buech im 43. Capitel.

K iij   Erin

Der Bischoffen zu Seccaw Erinnerung.

Welcher Christ obgemeldte Sprüch solcher Heiligsten/ Durchleuchtigsten vnd Gelehrtesten Vhralten Vätter on sonderliche Affect vnd mit rechtem Hergen wol erwögt/ der wird reichlich sehen/ ob er (wie die Ireneus meldet) denen sol gehorsamen/ welche jhr herkommen vnd folge durch ordenliche Succession/ von den Aposteln her haben/ oder ob er sich soll an ein newer wachsne Wurthstichige Hudels Bursch hengen/ welche von der fürnembsten/ Eltisten/ Stattlichsten folg abstehen. Vnnd also hastu Christlicher Leser/ nicht allein die Sentenz/ welche in der obgemandten Capel vnder der Bischoffen Bildnussen geschrieben stehen/ sonder auch die ordentliche Succession der Bischoffen zu Seccaw/ biß auff den jetzt regierenden Herrn MARTIN BRENNERN, der Heiligen Schrifft Doctorn/ic. Welcher den 5. May Anno 85. zu Salzburg zu eim Bischoff gen Seccaw Consecriert worden/ vnnd hat nunmehr das Bistumb Seccaw in dreyhundert vnnd zwey vnd sibenzig Jarn/ in die 54. Bischoff gehabt. Der ewig Gott verleyhe sein Göttlichen Segen/ daß alle verführte vnd jetzige Schäfflein sich zum rechten Schaffstal der wahren/allein seligmachenden Kirchen begeben/ vnnd also darinnen sambt vns Selig werden: Amen.

ARX

ARX SECCOVIÆ
VERSIBVS HEXAMETRIS
per eundem F. IOANNEM DO-
MINICVM HESS, Ordinis Mino-
rum regularis obseruan-
tiæ descripta.

Talia dicta Patrum plenissima Numine sancto
A me teutonica postquàm translata fuissent
Vulgarē in gentis linguam, mihi Cinthius aurem
Vellit, & his monuit verbis, age carmine quodā
Fac tibi cantetur SECCOVIA carmine digna:
Obsequor ergò lubens Phœbiq́, ea jussa capesso,
Nec metuo paruis magnā arcē includere chartis.
Non quòd cuncta, in ea quæ sunt memorāda, pa-
Sim mādaturus, namq́, hæc angustia tantū (pyro
Non capit, ac tanto forsan satis esse labori
Carmina non possunt humili serpentia metro,
Sit fas pauca igitur primis attingere labris
Quò videat lector quanta pietate parentes
Flagrarint nostri, (prisca dum floruit ætas
Rellîgionis

Relligionis adhuc) hilari quos mente iuuabat
Res tantas fidei dare defensoribus vltrò.
 Est inter Styriæ mõtes (vbi Murrha colonos
Raccerspurgiacos adit, à tergoq́; diei
Vix media spacio Græcensis deserit vrbis
Mœnia) planicies vasti pulcherrima campi
Quæ sese in longum sex millia pandit, at vnum
Mille habet in latum fermè, & prædiuite cultu
Agricolis replet prouentibus horrea multis,
In tota regione locus nec amœnior vllus
Esse potest, ideoq́; illic in quolibet arces
Monte vides positas, nam formosissima tellus
Pectora magnatum suaui dulcedine lactat:
Hic etiam jacet Arx Seccouia montis in alto
Vertice, quam Iuris Custos Eberhardus & æqui
Ac Saleburgiacæ sacer Archiepiscopus vrbis
Præsulibus sacris dedit ante decenneia septem
Anteq́; centenam trieterida, Matris honorem
In sanctæ, Christum genuit quæ lucis in auras.
 Ac veluti multas quondam superauerat arces
Troia

Troia decennali tandem vix obruta bello,
Haud secus inuicto SECCOVIA robore, fama,
Virtute & mentis, ac relligione Parentum
Arcibus innumeris caput altum excelsiùs effert.
 Scilicet hac Arx est, in qua quater octo duoq́;
Pontifices sceptrum tenuere sacramq́; tiaram.
Quorū ope permansit, manet, æternumq́; manebit
Vna fides Petro Christus quam tradidit, almam
Quam Petrus docuit Romam, quā deniq́; Roma
Per tot Pontifices longo ordine misit ad omnes
Terrarum partes quas Sol videt æthere ab alto.
 Scilicet hac Arx est in qua MARTINVS auita
BRENNERVS pietatis honos nunc totus in hoc est
Vt sine fine fides eadem contra ostia Ditis
Stet mole inuicta, portis licet æstuet orcus,
Visq́; ingēs Sathanæ fremitu circumstrepat atro.
 Scilicet hac Arx est qua nil mihi contigit illis
In terris magè jucundum, magè cernere gratum
Sole oriente videt Murrham, qui flumine præceps
Pinguia culta secat celeri, fortißima muris

Græcia spectatur Boreæ glacialis ad axem.
Sed qua terra jacet medio sub lumine Solis
Platsius à Sclauis Styria discriminat oras,
Platsius ascensu mons durus, namq́, vel aspro
Semita calle riget, vel denso gurgite cani
Penè absorbet equos & qui portantur in illis.
   Hic situs est arcis, cur non & carmine dicam
Illius telluris opes? nam cuncta dat illic
Molle solum, flores dant splendida prata decoros,
Dat sua dona Ceres, præbet sua dona Lyæus,
Pomona hîc sua dat quoq́, munera, lustra ferarū
Sunt hîc, sunt etiam colles venatibus apti,
Hìc armenta, greges altis in montibus errant.
Nec quisquam cœli tractum negat esse salubrem
Omnia quùm placidi loca Spiritus aëris afflet,
Nec fœda illuuie nec tetro humore lacunæ
Clementem lædant auram, nec terra mephitim
Exhalet, quùm nullus & hîc vapor ater ab ipsa
Surgat humo, inficiat qui tristibus aëra fumis.
   Arx eadem poßit meritò Peninsula dici

Nam

Nam veluti gemino fuit æquore clausa Corinthus
Sic etiam alluitur fluuijs Arx illa duobus
Qui montis leni radices agmine stringunt
Hic videt Eoum solem videt ille cadentem.
  At jam nunc opus est ipsum conscendere montē,
Stent igitur vegeto fortes in corpore vires
Absit debilitas baculoq́, innixa senectus,
Nobiliumq́, malum commune podagra facessat,
Talibus haud etenim cōcessum est scandere, firmis
Ni portentur equis curru aut vectentur herili.
Ergò ascendentem curuo via tramite ducet,
Tramite quæ celsum longè sinuatur in arcum
Dimidiamq́, ambit pulchris complexibus arcem,
Ante tamen montis quàm perueniatur in alta,
Arx alia à leua est saxo fundata vetusto
Proxima Pontificis Sedi (via regia namque
Tantum ipsam dirimit) visu præclara sed arci
Principis inferior cunctisque par atibus impar:
Tandem celsum apicem si quis superauerit, arcis
Ingressus portas ferrato robore fortes,

Illi intus primùm paruo lata area cliuo
Durorum lapidum crustis instrata patebit,
Cuius dextram habitat partē faber aulicus, aulæ
Præfectus lęuam, lęua & stant parte caballi
Cursu agili celeres valido quoq́; corpore sani
Hinnituq́; alacres alta ac ceruice superbi.
Indiget his Princeps, nam si fortasse cruentis
Trux Othomanniades Styrios inuaderet armis,
Hos agitaret equos contra agmina dira frementū,
Fortis eques metuens nil sese opponere turbæ
Hostili & magno perfringere pectore Turcos.

  Longius à dextra qui progredietur, amœnas
Audit alituum suaui modulamine voces,
Namq́; domus stat ibi, volucri quæ non patet vlli
Ni probet ante suos justo sub judice cantus,
Quæ placet illa domo fruitur, quæ displicet, illa
Pellitur, hinc lęto resonant loca singula cantu,
Vocibus ac volucrum resonabilis accinit Echo
Cui dulce hospitium spectabilis area præbet.
Huic jucunda auium domui quoq́; nobilis hortus

Adiacet

Adiacet exiguus, vario qui munere florum
Tempore purpurei veris quin tempore longo
Totius æstatis mirantia lumina pascit.
Tunc vero fossæ apparent aditúq́; propinquo
Ducit in internam tandem pons ligneus aulam,
Hic age nunc, hospes, mecum conscende parumper
Tramite non plano, nec longè à limine primo
Ingentem augustam visu admirabere turrim
Principis aula potens quam cingit more coronæ,
Prominet illa tamen celsoq́; cacumine supra est.
Ac ceu quadrata est imis à sedibus vsq́;
Structuram ad summam, quadratis sit quoq́; saxis
Erecta est penitus, sed quænam saxa? quibusue
Montibus illa excisa putem? jussune Deorum
Siue stat in ventis hominum? veteresne Gygantes
Hic voluere iterum molem alto attollere cœlo?
Qui turris forsan saxa inferiora superba
Metiri volet, is vicibus sua brachia binis
A meta in metam pandat, supperaddat & vnū
Mensura cubitum, saxi est cuiuslibet illa

L 3 *Crassities,*

Crassities, an non sat crassa ac fortia sunt hæc?
Huc ergò horrendas adducat Thracia vires
Attamen horrendas hæc ad munimina vires
Nequicquam adducet, penitus nisi fata repugnēt.
Nam quid inexpertū rabies quid liquit inausum
Turcica, quò loca tam felicia subdere sceptris
Ipse suis possit furiata mente Tyrannus?
Sæpe suæ miserè sed consuluere saluti
Vertentes tergum Styrijs magnoque dolore
Damnātes sua cœpta, sed hæc meminisse furentes
Deberent pacique aliquando imponere morem.
At licet huc veniant iterum, labor irritus ibit
Omnis, & ipsorum discerpent gaudia venti.
 Sunt hæc saxa etiam monumentis plena vetustis
Incisa siquidem literæ, veterumque Deorum
Effigies, & signa mihi non cognita in illis
Plurima spectantur, credo quod nobilis olim
Vrbs illic fuerit, tandem bello eruta cuius
Rudera materiem turri tribuere parandæ,
Namq́; per agricolas gremio telluris ab ipso,
Effodiuntur

Effodiuntur adhuc antiqua numismata, cupri
Argenti atq́, auri facta è splendente metallo (tis
Quorũ & adhuc vultus literisque inserta nota-
Nomina magnorum referunt in imagine formã
Induperatorum, Romana potentia quondam
Quos coluit sumóque lubẽs affecit honore. (ardas
    Hæc quoque turris habet magnas dirasque bo-
Quarũ strage graui vel tartara nigra tremiscãt,
Quæ faciunt plumbi vt pondus per inane volãtis
In loca multa ruat rapidi citò fulminis instar
Vt cadat & subitò pereat machometica proles,
Si Styrios ausit fortasse lacessere bellis.
Nec longum in medio tempus clara æra sonabunt
Ictibus è turri MARTINO, à Præsule namque
Impensis ingens magnis campana paratur
Quæ sexagesies centum, me judice, pondo
Ponderibus librata suis æquare valebit.
    Quid cameras verò varias hypocaustaq́, dicã?
Artifici sunt cuncta manu constructa, & honesta
Plena voluptatis, per apertas namq́, fenestras

Plinitiem

Planitiem campi totam syluasq́, jacentes
Et gratos Baccho colles montesq́, venustos
Qui propè quiq́, jacēt longè, sacer undique Præsul
Prospiciens, licita reficit dulcedine mentem.
   Pontifici verò ne desint Sacra, sacellum
Arx habet eximium meliori & carmine dignum,
Quàm mea Musa humili possit componere versu,
Illud enim donis argenti diues & auri
Demonstrat calices, patinas, ac murice & ostro
Perfusas vestes, signis auroque rigentes
Obtinet ornatus, Pietas ò sancta Parentum
Quæ Christo dedit hæc splendētia munera supplex.
   Et jam nunc etiā reuocat me carmen in hortū
Principis excultum, celebri qui jungitur arci,
Ast in eo primum quid mirer? quiduè secundum?
An nitidos flores? sunt mille coloribus apti:
An gratas herbas? sunt grata & odoribus herbæ:
An varios fructus? curuantur pondere rami.
Ipse etiam Bromius grauidis hic vina dat vuis,
Italicis quæ vel possent certare Falernis,

                                         Nec

Nec capit è pleno meliores palmite Lesbos. (*versu*
    Dixi ego quod montem stringant duo flumina,
Nunc quoq́; dicendū quibus artibus incola suescat
Deceptos fallax in retia trudere pisces,
Frigore concretas Aquilo quando alligat vndas,
Ecce secant glaciem, factoq́; foramine pandunt
Retia, mox supra constrictas fluminis vndas
A longè magnus ferit aurea sydera clamor.
Buccinaq́; horrendis mugitibus astra lacessit,
Tympana tùm valido resonant impulsa fragore,
Ac tonitru tormenta tonant imitantia sauum.
Interea exspectant ad retia ventre jacentes
Prono alij, hirsutis tecti sed pellibus omnes
A grege squamigero possint ne forte videri,
At pisces, sonitu audito, formidine quassi
Accelerare fugam tentant vitamq́; tueri
Turmatimq́; locum trepidi glomerantur in illum
Quo captura latet, procedere nec datur vltra,
Retibus hinc harent, tali & capiuntur ab astu
Ars noua Teutonia nec multum cognita terris.
               M   Huic

Huic quoq; Pontifici subsunt fœliciter arces
Summo jure duæ, Styriæ in Regione jacentes,
Quarum vni nomen dat Præsulis angulus aptum
Altera nomen habet de nomine Montis aquarū
Cœnobiumq; subest illud quod nomine eodem.
Ast Arx Pontificis Seccouia dicitur, in quo
Pontifices posuère suam sibi rite cathedram,
Præpositumq; simul tanti dignantur honoris
Nomine, is illorum sit vt Archidiaconus hic &
Pæne omnes tumulum sibi constituère supremum
Pontifices, hic & tranquilla in pace quiescit
CAROLVS Austriaca lux & fama ardua gentis,
Archiducumq; decus pietate ad sidera notus,
O quali in tumulo? vix Mausolea, sepulchra
Vix Halyattis erat tanti quem Crœsus habebat
Dilectū patrem Crœsus ditissimus auri. (persint
    Sed jam vela traham, quamuis cantanda su-
Plurima, tàm clara quis enim queat arcis honorē
Egregiumq; decus verbis æquare canendo?
Viuat io viuat MARTINVS Episcopus arcem

                                     Qui

Qui tenet hanc veteri & sub relligione gubernat
Commissos populos, quibus & praelucet amoeno
Exemplo, stellas velut inter Lunae minores,
Proceris Princeps spectabilis artubus, ore
Facundus, vultu placidus maturus & annis,
Vividus atq́, alacris, sed non ego miror in ipso
Talia, demiror potius tot splendida mentis
Munera, doctrina tot opes morumq́, nitorem
Iuratamq́, Deo ꝗ͞ .m & sine crimine sacto
Conspicuos, famaq́ omni sine vulnere mores,
Vivat ob id longos annos ut tempora vincat
Mathusalae, tandē & post fata novissima vita,
Cum Christo & Superis regno potiatur Olympi.

Laus DEO Virginiq; MATRI.

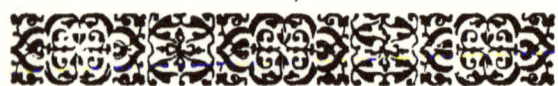

www.ingramcontent.com/pod-product-compliance
Lightning Source LLC
Chambersburg PA
CBHW020258090426
42735CB00009B/1135